智能财务研究系列丛书

# 2021年
# 影响中国会计从业人员的
# 十大信息技术：
## 应用实践与趋势研判

刘勤 吕晓雷 等著

立信会计 出版社
LIXIN ACCOUNTING PUBLISHING HOUSE

**图书在版编目(CIP)数据**

2021 年影响中国会计从业人员的十大信息技术：应用实践与趋势研判 / 刘勤等著. —上海：立信会计出版社,2021.12

（智能财务研究系列丛书）

ISBN 978 - 7 - 5429 - 6977 - 4

Ⅰ. ①2… Ⅱ. ①刘… Ⅲ. ①信息技术—影响—会计—研究—中国—2021 Ⅳ. ①F23

中国版本图书馆 CIP 数据核字(2021)第 252417 号

策划编辑　　张巧玲
责任编辑　　方士华

**2021 年影响中国会计从业人员的十大信息技术：应用实践与趋势研判**

2021 NIAN YINGXIANG ZHONGGUO KUAIJI CONGYE RENYUAN DE SHIDA XINXI JISHU：YINGYONG SHIJIAN YU QUSHI YANPAN

| | | | | |
|---|---|---|---|---|
| 出版发行 | 立信会计出版社 | | | |
| 地　址 | 上海市中山西路 2230 号 | 邮政编码 | 200235 | |
| 电　话 | (021)64411389 | 传　真 | (021)64411325 | |
| 网　址 | www.lixinaph.com | 电子邮箱 | lixinaph2019@126.com | |
| 网上书店 | http://lixin.jd.com | http://lxkjcbs.tmall.com | | |
| 经　销 | 各地新华书店 | | | |

| | | | | |
|---|---|---|---|---|
| 印　刷 | 上海盛通时代印刷有限公司 | | | |
| 开　本 | 787 毫米×1092 毫米 | 1/16 | | |
| 印　张 | 12.25 | 插　页 | 5 | |
| 字　数 | 235 千字 | | | |
| 版　次 | 2021 年 12 月第 1 版 | | | |
| 印　次 | 2021 年 12 月第 1 次 | | | |
| 书　号 | ISBN 978 - 7 - 5429 - 6977 - 4/F | | | |
| 定　价 | 68.00 元 | | | |

如有印订差错,请与本社联系调换

# 前　　言

大数据、人工智能、移动互联网、云计算、物联网等新一代信息技术的兴起及其向各行各业的渗透，为企业管理者应对不确定的挑战提供了一个更高效、更便捷的工具与平台。为此，各行各业都在探索影响各自领域的具体信息技术的集合，并尝试以这些技术集合为基础构建自己的新一代管理信息系统。在这轮发展中金融领域首当其冲，提出了金融科技（Fintech）的概念，并围绕该概念，借助市场和政府的力量逐渐塑造出全新的、颇具规模的金融科技产业生态。

经过 40 多年的应用探索，会计领域的信息技术应用尽管没能达到金融领域的成熟水平，但也形成了自身的特点。财务云、移动支付、电子发票、电子档案、财务机器人、远程审计、新一代 ERP 等技术逐渐形成了影响会计行业的信息技术集合，并且这个集合是随时间动态变化的。为使广大会计人员准确了解和掌握这些信息技术，上海国家会计学院携手部分主流软件厂商，自 2017 年起持续数年开展"影响中国会计从业人员的十大信息技术评选活动"，并将这些技术集合冠以 Acctech（会计科技）这个名词。

本书试图从信息技术对会计变革的影响、影响会计的信息技术的具体内容、科学有效地筛选出这些技术的方法、这些技术在会计发展的不同阶段的具体特点、会计从业人员如何学习和掌握这些信息技术，以及如何认识信息技术对会计行业带来的负面影响等方面，对 Acctech 的核心内容（图 1）做较为深入的探讨，以期为会计从业人员学习、探索 Acctech 提供一定的帮助。

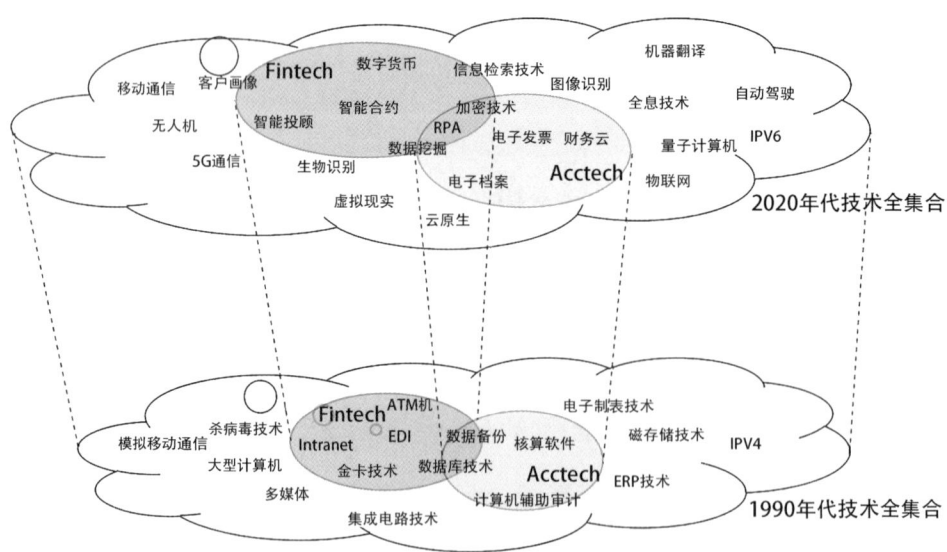

图1　Acctech核心内容演变示意图

## 信息技术发展是会计持续变革的重要驱动力

　　会计作为人类生产过程中的经济管理活动由来已久，从最早记载会计活动的甲骨文到今天位于云端上的字节，这种基于各种载体上的数字计量活动已持续发展了三千多年。影响会计行业变革的因素很多，包括自然因素、经济因素、法律因素、科技因素、政治因素、文化因素和教育因素等，其中科技因素尤其是当代信息技术的发展对会计行业的影响最为显著。自1946年第一台电子计算机诞生以来，以计算机技术为核心的信息技术不断地改变着传统会计的业务边界、管理流程、组织和方法。新技术利用高速、准确、智能等特点，帮助会计从业人员实时、精准、安全地采集经济数据，快速、精细、高效地对会计信息进行存储和处理，便捷、智能、可视化地向管理者展示其所需要的财务信息，帮助组织降低会计工作成本，提高效率、提升质量、加强风险管控，支撑财务转型和支持组织的快速发展。

　　信息技术不仅推动了会计实务的变革，而且对会计管理、会计教育、会计理论研究等方面也产生了重大影响。从会计管理角度看,信息技术的发展不仅提供了动态监管、移动办公、远程咨询、人员数据库管理、联机考试等管理工具和方法,同时给会计政策和法规的制定等带来了巨大挑战。从会计教育角度看,信息技术的发展,特别是智能财务、大数据等技术的快速演变,使传统会计教学中所设计的知识框架、教材体系、师资结构、教学设施,以及更高层面上的教学理念和教学模式等都在发生着深刻的变化。可以说,信息技术正在深度重塑现代会计人才的培养体系。从会计理论研究角度看,信息技术发展,特别是电子商务、移动支付等业态的发展,使会计的环境发生了重大的变化,对会计主体、持续经营、会计分期、货币计量等会计假设产生了冲击,同时对权责发生制、历史成本计价等会计原则以及现行的财务报告内容和披露方式等提出了挑战。当然,单纯的技术突破和创新并不一定会直接引发会计行业的巨变,只有在技术的突破和创新导致了社会对会计管理需求发生显著变化的情况下,才会推动会计行业的实质性变革。

## 用科学的方法识别和传播影响会计从业人员的信息技术

按照普遍的理解,信息技术是用于管理和处理信息所采用的各种技术的总称,具体包括传感技术、计算机技术、通信技术、控制技术、智能技术等。具体到管理领域,目前被关注的信息技术有计算机硬件技术、软件技术、存储技术、网络与通信技术等。当然,这些是对所有行业管理都适用的、颗粒度比较大的技术种类。

为了识别出对特定行业最具影响力的核心技术,金融行业率先垂范,提出了金融科技(Fintech)的概念,并成功地将行业关注的技术重点引导和聚焦到颗粒度更小的大数据、区块链、云计算、人工智能等技术中。这种做法不仅促进了相关技术的深入发展,更为重要的是可以帮助行业从业人员快速学习和掌握这些技术。

那么,在会计行业是否存在类似的信息技术集合?怎样才能准确地识别出这些信息技术？我们先前的一项调查显示，长期以来，会计从业人员了解信息技术的主要渠道是软硬件厂商的宣传、会计行业内的系统培训、行业主流媒体和自媒体的活动宣传以及专业论文、专著的阅读等。很显然，这种传统信息获取渠道的针对性、系统性、实时性、前瞻性和指导性并不完全令人满意。

是否存在一种快速、有效的途径来帮助会计从业人员获取信息？高德纳公司（Gartner）和美国注册会计师协会（AICPA）给出了可供借鉴的做法。Gartner是一家提供调研和咨询服务的国际权威机构，数十年来一直为社会公众提供数十个类别的关键能力报告，内容涉及信息系统、财务、人力资源、客户服务、法务合规、市场销售等领域。其中，影响最大的报告是《年度全球战略科技趋势报告》。Gartner在以往的相关报告中曾提出的企业资源计划（ERP）（1990）、客户关系管理（CRM）（1995）、数字孪生（Digital Twin）（2017）等技术已成为当前业界众所共知的技术。AICPA则于20世纪末开始每年评选"影响北美会计人员的十大信息技术"，这项活动影响了北美会计行业近20年，令人遗憾的是2015年以后未能找到其新的评选结果。

受AICPA的启发，上海国家会计学院2003年曾在IBM（国际商业机器公司）中国公司的支持下，评选出"当年对中国会计人员最有影响的十项信息技术"和"五项有潜在影响的信息技术"，评选活动在会计行业引发了强烈反响。之后由于种种原因，评选未能继续。2017年上海国家会计学院重启了该项评选活动，2017—2021年，上海国家会计学院携手国内部分软件厂商，连续成功举办了5届评选活动（2021年评选结果参见图2，其中的百分比是投票率）。

为了提高评选结果的科学性和可信度，活动主办方特别聘请了中国会计业界的188位专家（包括高校教授、企业高管、中介机构合伙人、会计管理部门领导以及IT公司技术专家等），采用专家提名、公众和专家共同投票的方式，经严谨的统计学分析，最终得出评选结果。为了使这些信息技术在广大的会计从业人员中更好地普及，组织方还特别举办了"年度高端论坛"，通过技术解

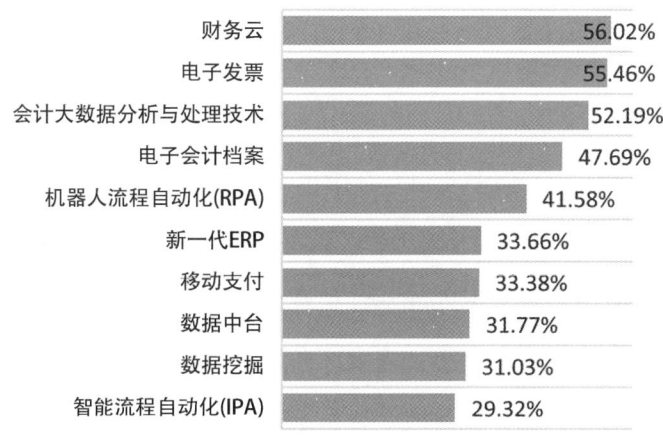

图 2　2021 年影响中国会计从业人员的十大信息技术

读、应用场景分析、案例介绍、趋势分析等形式,帮助听众深度剖析技术的本质,介绍技术应用的成功规律。

## 探索不同发展阶段影响会计从业人员的信息技术的基本特征

纵观中国改革开放 40 多年来的发展历程,我们可以发现,在会计行业发展的不同阶段,起主导作用的信息技术呈现出不同的特征。究其原因,一方面是每项技术都具有从萌芽到成熟的发展周期(参见图 3　Gartner 技术成熟度曲线图),另一方面是每项技术在会计信息系统中的作用也存在一个兴衰周期。

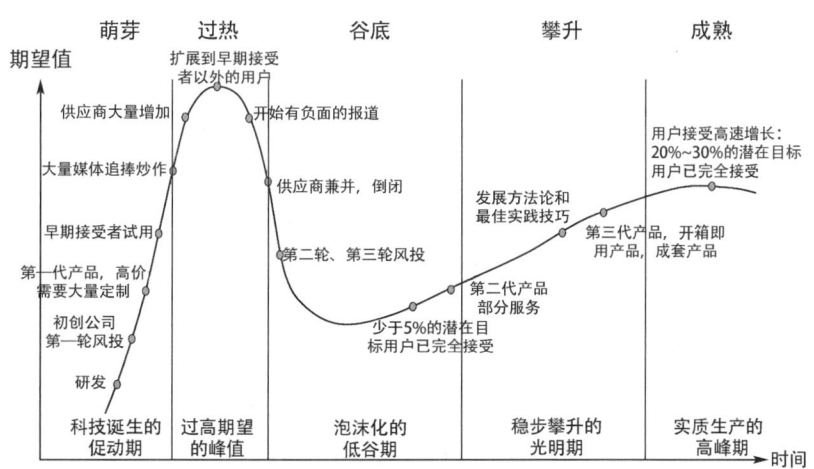

图 3　Gartner 技术成熟度曲线图(来自 Gartner 的研究)

经过对比，我们还发现，相对于金融、零售、医药、税务等信息化较领先的应用领域，信息技术在会计领域中的应用具有一定的滞后性。

就信息技术在会计领域的应用水平而言，它大致可被分为电算化、信息化和智能化三个阶段（图 4），其中电算化阶段是低级阶段，信息化阶段是中级阶段，智能化阶段是高级阶段。从图 4 中我们可以发现：会计电算化阶段主要是利用计算机、数据库和会计核算软件等对会计数据进行简单处理，通过搭建会计核算系统，解决会计管理环节的电算化问题，基本不涉及会计流程和组织的改变；会计信息化阶段主要是利用互联网、SaaS（软件服务化）、ERP、数据仓库等技术对会计数据和会计信息进行深度加工，建立以财务共享系统为代表的新一代财务管理信息系统，同时伴随着对会计流程和组织的再造；会计智能化阶段主要是利用神经网络、大数据、知识图谱、RPA（机器人流程自动化）等新技术对会计知识、信息和大数据进行深度处理，逐步实现财务管理的自动化和智能化，同时伴随着对财务管理模式的变革。

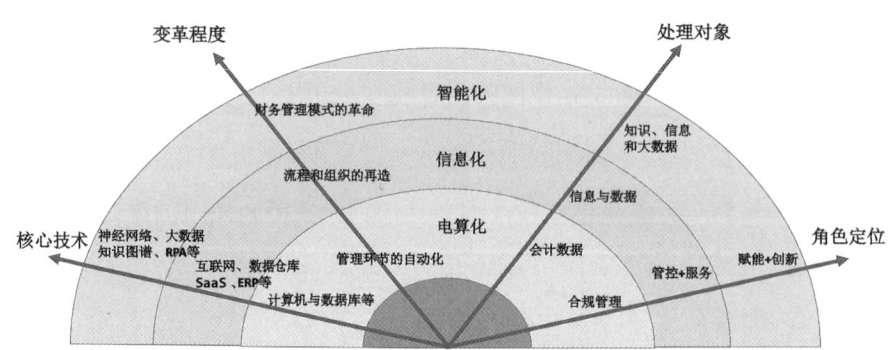

**图 4　信息技术在会计行业应用的三个阶段**

通过观察近年来"影响中国会计从业人员的十大信息技术评选活动"的结果，我们也可看出上述三个阶段。中国会计行业在 2003 年时基本还是处于电算化阶段，因此，人们所关注的技术有会计核算软件、数据库技术、计算机病毒与防治技术等；而 2017 年至今我们处于信息化阶段到智能化阶段的过渡阶段，因此，人们关注的技术既有财务云、移动互联网、数据仓库等技术，也有财务专家系统、机器学习、图像识别、智能流程自动化等技术。

值得注意的是,图 4 中信息技术应用的高级阶段所使用的技术实际上是以较低阶段使用的技术为基础的新技术,并不代表放弃较低阶段所用技术,例如,会计电算化阶段的计算机、数据库和会计核算软件等技术实际上在各个阶段都会使用,只不过它在较高的会计信息化阶段和会计智能化阶段已演变成应用的最底层技术。

另外,面向未来,我们不仅需要关注"当前影响的信息技术",还需关注未来 3～5 年可能对我们产生影响的"潜在影响的信息技术"。对一些有远见的管理者来说,关注潜在影响的信息技术可以帮助其提前规划布局,以应对新技术带来的冲击。

## 会计从业人员掌握信息技术的主要途径、内容和方法

面对浩瀚的信息技术,应该如何应对才能不被时代所抛弃? 这是大多数会计从业人员通常会思考的问题。毋庸置疑,"影响中国会计从业人员的十大信息技术评选活动"是一个快速、有效地了解会计科技 Acctech 的途径。当然,经常参加主流软件厂商组织的技术论坛,积极参与会计行业组织的系统内培训,密切关注行业主流媒体的技术发展报道,以及大量阅读专业论文、教材和专著仍然是非常有效的途径。

针对某项具体的会计技术,需要学习和掌握什么内容呢? 只要对信息技术进行过深度研究的人都会知道一项技术所具有的复杂性。要全面掌握某项技术,一般的用户通常需要从技术的原理、特点、功能、相关产品、应用范围、应用场景、技术成熟度以及局限性等方面进行研究和学习。以 RPA 技术为例,我们需要明确 RPA 技术的基本概念和类别,认识它的主要特征,掌握它的技术构成,研究它的业务价值,熟悉它的应用领域和应用场景,知晓当前主流的 RPA 厂商及产品,识别它的技术成熟度,了解它未来的发展趋势和局限性等(表 1)。

表 1　RPA 技术的重点学习内容一览表

| 特征 | 重点学习内容 |
| --- | --- |
| 技术原理 | 通过软件技术来预定义业务规则以及活动编排过程,利用一个或多个相互不关联的软件系统,协作完成一组流程、活动、交易和任务,需要在人工对异常情况进行管理后交付结果和服务 |
| 主要特征 | 模拟人类操作;基于既定的业务规则;带来确定的执行过程和执行结果;提供全程操作行为记录;满足 $7 \times 24 \times 365$ 不间断执行;提供非侵入式的系统集成方式等 |
| 技术构成 | 编辑器、运行器、控制器、其他部件等<br>抓屏技术、模拟鼠标和键盘技术;OCR 技术;NLP 技术;业务规则引擎;知识库系统等 |
| 业务价值 | 节约成本;提升效率;提高流程质量和业务处理的准确性;提升流程的合规性和安全性;实施高效;高敏捷性等 |
| 应用领域 | 财务会计领域;管理会计领域;客户服务领域;采购管理领域;人力资源领域;IT 服务领域等 |
| 应用场景 | 核算流程自动化;报表自动生成;预算编制自动化;成本自动核算;资金自动收付;数据核对校验;发票开具;固定资产卡片管理等 |
| 主流软件厂商 | 国外:Uipath, Blue Prism, Automation Anywhere, NICE, Pegasystems 等<br>国内:艺赛旗、达观数据、云扩科技、来也 Uibot、九科等 |
| 技术成熟度 | RPA 将在 $2 \sim 5$ 年达到生产成熟期(Plateau of Productivity)(信息来源:Gartner《2021 中国 ICT 技术成熟度曲线》) |
| 发展趋势 | 更敏捷的人机协作;具有自我学习的自动化流程;云原生的 RPA 解决方案;业务流程的自动化再造;全新的机器人运营体系;数字化劳动力革命等 |
| 局限性 | 可能带来失业风险;实施的复杂性;信息安全新风险;需较大初始投资等 |

　　考虑到主要作为信息技术的使用者,会计从业人员虽然并不需要对技术的众多知识点的基本原理和技术构成等有较深度的掌握,但是需要特别关注与应用相关的特征,即需要关注技术的适用范围、业务价值以及在会计领域的典型应用场景等。如需组织或参与信息系统建设,则还需进一步对相关技术的配套软件厂商、典型产品、产品优势与局限性等进行深入的研究和探讨。

　　此外,我们还需清醒地认识到信息技术可能给会计行业带来负面影响。这些潜在的负面影响可能包括:会计基础核算工作被边缘化,从事简单工作的会计从业人员被替代,大量会计从业人员被迫转型,给会计工作流程带来新的风险,对信息系统安全带来新的风险,对风险管控的难度加大,给 IT 项目实施带来失败风险等。

总之,我们理解的 Acctech 是影响会计行业的信息技术的集合,这一集合中的技术会随着时间的变化而变化。Acctech 对会计行业的变革具有一定的推动作用,在会计发展的不同阶段,发挥作用的主流信息技术会有所不同。我们通过一定的甄选手段,可以科学、有效地筛选出这些技术,会计从业人员可以从技术的原理、特点、功能、相关产品、应用范围、应用场景、技术成熟度以及局限性等方面对 Acctech 进行深入的学习和探索,其中最有效的切入点是关注技术的适用范围、业务价值以及在会计领域的典型应用场景等。

## 特别感谢

中国会计学会会计信息化专业委员会的各位委员们多年来对这项活动的专业指导;

中兴新云服务有限公司陈虎总裁、元年科技股份有限公司韩向东总裁、浪潮集团有限公司魏代森副总裁、用友网络科技股份有限公司付建华副总裁、金蝶软件(中国)有限公司赵燕锡执行副总裁对活动的大力推动和积极参与;

新华社、人民日报、中央人民广播电台、中新社、光明日报、中国青年报、新华日报、解放日报、经济日报、证券日报、第一财经、澎湃新闻、财务与会计、财会通讯、新理财、中国会计报等百余家媒体多年来持续关注和深入报道我们的评选活动;

参与本次活动的卞敏娜、蔡磊、操礼庆、柴寅初、车桂娟、陈传亮、陈耿、陈虎、陈剑、陈静、陈琳、陈灵国、陈沛、陈崧、陈宋生、陈文龙、陈旭、陈绪龙、陈震晗、陈志斌、成进、程平、邸慧清、董皓、董军、杜美杰、范松林、付建华、傅怀全、甘卓霞、葛巍、谷峰、桂友泉、郭晓梅、韩海晏、韩敏、韩向东、郝雪梅、郝宇晓、胡尔纲、胡嘉、胡靖、胡列类、胡小丰、胡咏华、胡志刚、黄国敏、黄融、黄长胤、季丰、蒋占华、金彬、金磊、金源、靳庆鲁、荆宝森、李丹、李德宏、李国范、李纪建、李建维、李美平、李闻一、李秀丽、李滢、李志刚、李志杰、李卓洋、梁芳斌、梁浩东、林凯、刘东进、刘国华、刘红建、刘军、刘勤、刘庆华、刘少顺、刘长波、卢闯、罗芳、马鸿瀚、马永强、玛天梅、梅瑜、孟高栋、孟祥云、穆秀平、潘莉莉、漆颖斌、钱剑虹、钱毓益、秦婕、屈伊春、曲洪坤、饶艳超、任晓慧、任永平、邵光兴、沈雁冰、施伟忠、石磊、石林、舒彬、宋永豪、苏获、苏南、孙彦丛、孙彦永、孙玉甫、谭介辉、汤若玲、唐华、唐华翠、唐琦松、田高良、涂军、王博文、王春焱、王海林、王宏星、王纪平、王健、王军、王明东、王文章、王学嘉、王彦超、王一军、王亦东、王玥、魏代森、吴江龙、吴江涛、吴忠生、伍剑锋、肖静华、谢峰、谢昆蓉、谢维青、徐兴周、续慧泓、薛贵、薛军利、严励、颜凡清、杨菁、杨川、杨珊华、杨寅、叶向阳、殷国炜、袁磊、张波、张鄂豫、张锋、张华、张剑虹、张克慧、张立纲、张敏、张启国、张苏、张万萍、张言国、张永刚、张志舜、章帆、赵松泉、赵燕锡、赵昱锋、郑开颜、郑萍、郑耀祥、郑永强、周崇沂、周海平、周吉申、周建军、朱保成、朱灏、朱会俊、朱江、朱亮、朱庆锋、朱晟玥、朱书红、诸凡等 188 位来自各界的专家学者；

尹成彦、邱铁、赵健、杨寅、吴忠生、胡晓栋、曹巧波、付博、路艳、朱津萱、李春影、刘莉等评选工作团队 6 个月来所做的大量细致而卓有成效的工作；

5 772 位来自中国各行各业的专业投票者；

立信会计出版社原董事长窦瀚修先生、会计学术出版中心张巧玲主任等为本书出版付出的艰苦努力。

2021 年 11 月

# 目 录

**下篇** **2021年入选潜在影响中国会计从业人员的五大信息技术解读**

# 上篇

影响中国会计从业人员的十大信息技术
评选活动介绍

# 影响中国会计从业人员的十大信息技术评选活动

刘勤、吕晓雷、尹成彦、赵健、杨寅、吴忠生，上海国家会计学院

## 一、十大信息技术评选的背景与意义

包括企业在内的整个社会是在不断发展前进的，在这个过程中，不变的是企业永续经营的假设和追求价值最大化、股东最大化的经营目标；变的是信息技术的演变和演进，并且不断与相关要素进行融合创新，衍生出新模式、新生态。

对于以加工信息为主要职能的会计而言，由于信息技术的赋能，其内涵已经丰富细化了信息的颗粒度，而外延也得到了扩展，这个过程体现了会计人对信息技术的选择。这种变化演变的逻辑是什么？存在哪些路径？有哪些要素驱动？会计哪些会变哪些不会变？会计人如何应对这种变？有哪些要素是需要我们关注的？基于此，连续第五年累计第六年举办的"影响中国会计从业人员的十大信息技术评选活动"就成为标志性事件。该活动对于提升会计从业者对信息技术的关注、总结信息技术应用经验、识别关键信息技术和应用场景、梳理企业数字化转型路径、会计职业规划参考等，起到积极的促进作用。

上海国家会计学院李扣庆院长认为，世界的发展让我们进一步看到不确定性在不断增强，导致整个社会对发展的不确定性有很多顾虑，在这种背景下，数字化潮流已经成为确定性的发展趋势，拥抱数字化潮流成为必选题。李扣庆认为评选结果代表中国会计科技行业的专家们和中国会计

人的基本意见,在一定程度上达到了推动中国会计科技进步的目的。同时需要清醒地看到,最受欢迎的技术不一定是那些最炫最酷的技术,最前沿的技术也不一定是最适合中国会计人的技术,我们需要找到更适合应用的技术。他提出进一步研究的思考方向,推动十大信息技术发展背后的驱动力到底是什么?从技术开发者或者技术服务的提供者的角度来说,是什么原因促使他们专注于这些技术的精进;从需求者的角度来说,他们使用或者购买特定的技术、特定的技术服务,又到底是为了达到什么样的目标?是为了达成效率的提升?还是为了达到风险的防范?抑或是其他原因?

2019年在借鉴金融科技的基础上,刘勤提出了会计科技(Acctech)的概念,指会计从业人员关注的技术集合,持续多年的"影响中国会计从业人员的十大信息技术评选活动"使社会对会计科技开始形成了一定的共识,该活动在境内外的影响力越来越大,已成为业界了解信息技术的风向标。作为评选活动的发起人,刘勤认为,信息技术的发展对会计行业已经产生了很大的影响,如推动了财务共享模式的产生和成熟,部分实现了会计信息处理的无纸化以及财务管理的移动化和实时性,并因此进一步降低了财务管理成本,提高了管理效率,加强了风险管控能力。对于信息化影响下未来会计行业的变与不变,他认为变的是会计信息处理的工具、流程和方法,甚至是管理模式,不变的是会计的本质,会计作为记录微观市场主体经济活动的商业语言,作为提升信任水平和经济效率的制度安排,以及作为经济发展的独特算法和管控手段这一本质不会变。

不同的软件厂商也有各自的关注点。中兴新云总裁陈虎在着力发现数据处理技术(Data Technology,DT)时代下财务的数字化发展趋势;元年科技总裁韩向东坚定看好数据中台、数据挖掘、数据智能等与数据相关的新技术对未来管理会计工作的促进;浪潮集团副总裁魏代森提出建立以数据为核心而不是流程为核心的管理体系;用友公司副总裁付建华更看好云原生微服务、数据湖、多维及人工智能技术对企业财务管理工作带来的重大改观和支撑;金蝶集团执行副总裁赵燕锡认为未来财务数字化发展方向是"无人会计、人人财务"。

尽管连续5年都在评选"影响中国会计从业人员的十大信息技术",但随着信息技术的发展及其不断深入应用,其内涵的丰富性已经有了极大的扩充。本次评选的专家、山西财经大学续慧泓副教授认为,信息技术并不是单一技术在会计中的应用,而是众多的信息技术给会计的工作场景和管理模式带来冲击和变革。他以连续多次排名榜首的财务云为例,说明其近两年正在向云加边加端三者协同的系统来演进,其中云计算提供强大的后台支持,边缘计算提供更为快捷灵活的应用方式,和 AI 一起支持客户的快速响应,智能终端实现了对前端业务和数据的快速感知和获取,三者的协同支撑了智能化场景的应用。续慧泓呼吁尽快建立智能会计系统的协议体系,从数据层面、应用层面、管理层面、协同层面等支持开放融合安全可靠的信息技术在会计领域的有效应用。

在信息技术不断飞速发展的年代,尤其近年来从会计电算化再到信息化,各种特定信息系统的出现,以及共享中心技术、财务机器人的不断普及,让会计人产生焦虑感,会计工作往哪里发展?职业规划该如何做?本次评选的专家、智联招聘副总裁成进提出两个建议:其一是认真踏实地学习信息技术,并且应用到工作中,顺应数字化浪潮一起发展;其二是要真正地拥抱业务,信息技术配合会计应用实现管理目标,需要在业务发生的过程中甚至在业务发生之前作出预测,跟踪运营数据的变化和结果,其中会遇到不少困难,还要注意信息技术的负面作用。

评选活动和评选结果正在受到越来越多的学者关注,并广泛应用于教学和科研工作中。本次评选的专家、中国人民大学会计系主任张敏教授认为,在信息技术正在重塑传统会计工作的今天,基于信息技术的评选活动发挥着无可替代的价值。这些评选出来的信息技术以及关于这些信息技术的介绍与应用场景可以直接作为教师的授课材料,不仅节约了教师整理资料的时间,更重要的是评选结果更加权威,更有说服力。同时在科研领域,评选出来的这些信息技术可以作为智能财务的技术基础,帮助科研人员构建基于这些信息技术的智能财务应用框架。

综上所述,评选活动搭建了一个信息技术的展示平台,哪些信息技术成为关注热点,发展到什么程度了,与会计融合形成了哪些经验,软件厂商开发了哪些类型的产品,如何促进会计从业人员的专业能力培养⋯⋯这些随之产生的相关问题,或许都能够找到答案。

## 二、2021 年当前影响中国会计从业人员的十大信息技术评选过程与结果

"2021 年影响中国会计从业人员的十大信息技术"评选过程采取了五个环节。第一个环节是组建评选组织机构,由上海国家会计学院发起,联合中兴新云服务有限公司、北京元年科技股份有限公司、浪潮集团有限公司、用友网络科技股份有限公司、金蝶软件(中国)有限公司等共同组建评选组织机构;第二个环节是遴选专家团队,一共有 188 位来自各领域(高校、国企、民企、会计师事务所、软件厂商)的专家加入专家团队,组委会还对阿里巴巴集团、亨通集团等就信息技术在会计领域的应用情况进行了专题调研;第三个环节是提名候选技术,判断标准是"已经有成熟的应用产品和应用场景,与广义的会计从业人员工作相关,相互不交叉及外延相对独立",由专家提名了 815 个候选技术(包含重复部分),经过充分讨论后进行分类,合并为 45 个技术,再由全体专家进行投票确定了 30 个正式候选技术;第四个环节是正式投票,专家和大众评委都是在 30 个技术里面投出 10 个结果,各占 50% 比重;第五个环节是分析整理,梳理统计出 188 位专家投票和 5 772 份有效大众投票信息,最后得出"2021 年影响中国会计从业人员的十大信息技术"评选结果(表 1)。

表 1　2021 年影响中国会计从业人员的十大信息技术

| 技术 | 大众得票率 | 大众投票排名 | 专家得票率 | 专家投票排名 | 大众和专家得票排名差异 | 总得票率 |
|---|---|---|---|---|---|---|
| 财务云 | 53% | 1 | 59% | 2 | -1 | 56.02% |
| 电子发票 | 48% | 3 | 63% | 1 | 2 | 55.46% |
| 会计大数据分析与处理技术 | 52% | 2 | 52% | 5 | -3 | 52.19% |
| 电子会计档案 | 42% | 4 | 53% | 4 | 0 | 47.69% |
| 机器人流程自动化(RPA) | 27% | 9 | 56% | 3 | 6 | 41.58% |
| 新一代 ERP | 35% | 5 | 32% | 11 | -6 | 33.66% |
| 移动支付 | 32% | 7 | 35% | 8 | -1 | 33.38% |

| 技术 | 大众得票率 | 大众投票排名 | 专家得票率 | 专家投票排名 | 大众和专家得票排名差异 | 总得票率 |
|------|----------|------------|----------|------------|---------------------|---------|
| 数据中台 | 22% | 18 | 42% | 6 | 12 | 31.77% |
| 数据挖掘 | 24% | 13 | 38% | 7 | 6 | 31.03% |
| 智能流程自动化（IPA） | 25% | 12 | 34% | 10 | 2 | 29.32% |

从评选结果看，信息技术的生命周期比较长，前六名与2020年保持一致，但各项的得票率均有显著下降，说明大众和专家的聚焦度开始分散，即使大众群体，不同岗位层级的选择也呈现出一定的规律性。从分类来看，其中七项属于业财融合、财务自动化等领域的技术，体现了财务转型的重点；三项属于数据技术，且专家投票率明显高于大众投票率，体现了专家对于数据驱动运营的重视和期待。

本次评选专家、Infor北亚区财务总监金磊从不同人群的看法存在的差异入手进行分析。他以"机器人流程自动化（RPA）"为例展开分析。该技术在专家榜单中排名第三，有56%的专家将其纳入十大技术榜单；在大众榜单中排名仅为第九，只有27%的人将其纳入十大技术，两者位数差异达六位。他通过细分数据对比发现，已经工作的人群中比学生群体有更多人将其纳入十大技术；企业规模越大，越认可RPA的影响力。如果从"机器人流程自动化（RPA）"的特性来看，它可以模仿人的操作，代替人来处理大量重复性高的动作，因此当工作量越大和重复性越高时就越适用。越来越多的大中型企业引进了财务共享模式，原本分散的操作变得集中，岗位分工细化，很多岗位有大量重复性操作，这就为"机器人流程自动化（RPA）"的应用提供了合适的场景。对于其他信息技术而言也是如此，不同的群体对上述背景的了解程度各有不同，对其重要性亦有不同的评估，也许这就是评价差异的来源。

进一步对比可以看出，大众投票与专家投票，在一些信息技术的重要性判断上存在显著差异。其中差异最大的为数据中台，近年来它成为业界广泛关注的热点，它是在单项信息技术成功应用的基础上，不断融入多项信息技术而形成的信息技术，属于"升级版"。其覆盖面所限，导致大众与专家的认知差异巨大。大众更关注的是当下，如何利用信息技术把眼前的、手头的事高效做好；专家更关注的是未来，如何借助数据提升财务洞察业务的能力。

如同企业产品的生命周期，信息技术的应用也分为起步期、成长期、成熟期和衰退期四个阶段。由于大众与专家对具体的信息技术的了解处于不同的阶段，加之所接触信息技术的种类和数量——接触的越少越容易聚焦，在机器人流程自动化（RPA）、新一代 ERP、数据挖掘等三项信息技术的判断上得以体现，如新一代 ERP 是基于传统 ERP 基础上的飞跃，需要将资源、能力、信息、流程和环境结合起来为客户提供一贯价值的方式①，属于 ERP 的第四阶段。对 ERP 的广泛理解影响了新一代 ERP 的概念延伸，尽管这一信息技术还处于起步期，在相关机构不断推广的助力下，其理念还是得到了大众的广泛认同，充满了期待。

新上榜的信息技术为排名第八的"数据中台"和排名第十的"智能流程自动化（IPA）"，这也是 2021 年细化了信息技术的颗粒度后新增的候选信息技术，且都是依靠专家的力量入选，展现了专家对数据促进业务融合与自动化的前瞻性判断趋势，侧重业务洞察能力。在对比中国和国外的相类似的评选结果后，尽管在候选技术里提供很多信息安全的技术，但评选结果里跟信息安全相关的技术仍非常少，刘勤认为中国的会计人员对信息安全的关注度不够，他建议一定要注意信息安全。

由于不同会计人群的工作职能存在差异，2021 年的评选进一步区分了不同人群所评选出来的"影响中国会计从业人员的十大信息技术"，包括财务会计人群、管理会计人群、CPA 审计人群、税务人群、内部审计人群、相关的管理类工作人群、其他会计专业服务人群等类别，充分显示评选结果的针对性和指导性。具体内容可扫本书所附报告二维码详细了解。

## 三、2021 年潜在影响中国会计从业人员的五大信息技术评选过程与结果

继 2020 年的评选后，2021 年继续保持了仅由专家进行投票的潜在影响

---

① 刘勤，吕晓雷，等.2020 年影响中国会计从业人员的十大信息技术：现状与趋势［M］.上海：立信会计出版社，2020.

中国会计从业人员的五大信息技术评选,该评选采用与"2021 年影响中国会计从业人员的十大信息技术"类似的评选过程。潜在影响会计人的信息技术判断标准是"已有信息技术但还未有成熟的会计类产品及应用场景,预期 3 年后会在会计领域出现应用场景的信息技术"。由 188 位专家提名 470 项候选信息技术(包含重复部分),涵盖范围极其广泛,经充分讨论后进行分类,合并为 22 项技术,再由 188 位专家进行投票确定 5 项正式信息技术。

表 2　2021 年、2020 年潜在影响中国会计从业人员的五大信息技术

| 2021 年结果 | 得票率 | 2020 年结果 | 得票率 |
| --- | --- | --- | --- |
| 深度学习与智能决策 | 38.83% | 区块链电子发票 | 53.55% |
| 基于法定数字货币的智能支付与结算 | 34.04% | 数字货币 | 47.74% |
| 数据中台、业务中台与管理中台 | 34.04% | 物联网与自动化物件 | 43.23% |
| 分布式记账与区块链审计 | 30.32% | 第五代移动通信技术(5G) | 37.42% |
| 数据治理和数据资产的管理与应用 | 28.72% | 分布式账本 | 34.19% |

表 2 通过两年的得票率对比可以看到,2021 年潜在影响中国会计从业人员的五大信息技术的得票率大幅低于其 2020 年的评选结果,且技术之间的得票率差距也不大,体现出专家对潜在信息技术的观点存在较大的分歧,这也说明技术发展存在的不可预测、不可控,需要在较长的时间后回看这次预测的准确性。

为什么"深度学习与智能决策"受到专家的青睐?本次评选的专家、云从科技财务中心总监陈琳从三个角度进行了分析。首先是效率提升原则,以自动操作代替原来的手工操作[如机器人流程自动化(RPA)],这可以视作传统的"财会电算化"的进阶升级;其次是实时监控原则,以前依赖事后的人工审阅各种指标的变化、判断有无异常,现在由系统根据预设阈值实时监控各项指标数据,随时做出预警;最后是精准决策和预判原则——通过系统的帮助收集并分析更多数据,增加预测、判断、决策的信息来源,并提高准确度。

对于可能出现的会计应用场景,陈琳预测其核心价值是 AI 机器学习、深度学习,可以让机器模仿人类的思维方式、逐步替代人类进行低阶思考,激发人类更高阶的创造性思维,人类可以从低阶智力劳动中完全抽离出来。

(1)真正地实时进行高效账务处理和报表出具,对应目前企业核算会

计工作。

（2）高效实时进行财务分析和预测，并给出相应的决策意见，对应目前企业财务分析岗位的工作。

（3）出具审计底稿决定给什么样的审计意见，对应目前会计师事务所及签字 CPA 的工作。

（4）自助给出相应的投融资决策，对应投融资或资金岗位工作。

（5）与其他相关内外部业务系统关联，结合行业专家和公司管理层参与部分战略管理决策，对应目前管理及战略部门工作。

为了实现上述场景，我们还需要看机器学习包括最新量子人工智能计算的技术进展，其他相关新一代信息技术发展，以及 AI 技术人员和财会专业人员关于政策、制度、准则相关工具的合力设计，共同作用之下上述场景才能真正落地。

信息技术只是提供了某种价值可能，而实现应用一定需要多方综合的认可与配合。本次评选的专家、北京天源迪科信息技术有限公司运营总监严励认为，一项先进的信息技术真正发挥作用，靠的不仅仅是信息技术本身的先进性、可靠性与安全性，更需要能在业务领域找到合适的应用场景并持续发挥作用，无论效果效率还是效益，都能被场景应用的相关方所共同认可。信息技术能力与业务需求的匹配、成本投入与收益回报的匹配、管理环境与实现路径的匹配、可靠服务与安全运营的匹配，这些要素都直接构成本次入选的潜在信息技术能否成为真正推动产业升级的关键指标。

以 2020 年的评选结果为例，如"区块链电子发票"，2021 年由国家税务总局深圳市税务局、国家电网、公安第三研究所、腾讯等近 10 家机构参与发起的《基于区块链技术的电子发票应用推荐规程》国际标准，已经正式通过 IEEE-SA（电气和电子工程师协会标准协会）确认发布，成为全球首个基于区块链的电子发票应用的国际标准[①]。有多家机构在进行区块链电子发票的研发，并且逐渐在商超领域、电器零售领域、地铁等不同的场景落地，进展超过预期。按上述判断标准，"区块链电子发票"在 2021 年已经符合参与"影响中国会计从业人员的十大信息技术"评选标准，列第

① 张志伟，张博.全球首个区块链电子发票国际标准诞生 中国区块链技术在税收领域占据创新制高点[N].证券日报，2021-04-09.

十四位,但在公众投票中列第八位。

"基于法定数字货币的智能支付与结算"也有望重复"区块链电子发票"发展路径。中国人民银行2021年7月16日发布的《中国数字人民币的研发进展白皮书》显示,参与数字人民币研发的运营机构主要包括工行、农行、中行、建行、交行、邮储银行,移动和工行,联通、电信和中行分别成立联合项目组参与研发,蚂蚁和腾讯两家互联网企业旗下网商和微众银行也参与研发;新增的上海、海南、长沙、西安、青岛与大连6个试点省市也在花样迭出地推广数字人民币;尽管中国人民银行声称不预设推出时间表,相信随着不断提升的公众参与度与使用频率[①],"基于法定数字货币的智能支付与结算"这一信息技术也开始逐渐成熟,并进而与会计融合衍生出新的应用场景。

## 四、2021年评选中不同投票群体认知差异分析

除了上述分析表明专家与大众对信息技术存在认知差异,不同岗位的会计从业人员对信息技术的判断也带有鲜明的岗位特征(表3)。

表3　不同工作岗位的大众投票人选出的"2021年影响
中国会计从业人员的十大信息技术"的差异

| 排名 | 财务会计人群 | 管理会计人群 | 税务人群 | 内部审计人群 | CPA审计人群 | 相关管理类人群 | 其他会计专业服务人群 |
|---|---|---|---|---|---|---|---|
| 1 | 财务云 | 会计大数据分析与处理技术 | 财务云 | 在线审计 | 银行电子函证 | 财务云 | 财务云 |
| 2 | 电子发票 | 财务云 | 电子发票 | 会计大数据分析与处理技术 | 在线审计 | 会计大数据分析与处理技术 | 会计大数据分析与处理技术 |
| 3 | 会计大数据分析与处理技术 | 电子发票 | 会计大数据分析与处理技术 | 财务云 | 会计大数据分析与处理技术 | 电子发票 | 电子发票 |
| 4 | 电子会计档案 | 电子会计档案 | 电子会计档案 | 电子发票 | 财务云 | 电子会计档案 | 电子会计档案 |
| 5 | 在线与远程办公 | 新一代ERP | 在线与远程办公 | 新一代ERP | 电子发票 | 新一代ERP | 新一代ERP |

① 张莫,朱馨怡.多方发力 数字人民币试点提速升级[N].经济参考报,2021-07-29.

（续表）

| 排名 | 财务会计人群 | 管理会计人群 | 税务人群 | 内部审计人群 | CPA审计人群 | 相关管理类人群 | 其他会计专业服务人群 |
|---|---|---|---|---|---|---|---|
| 6 | 新一代ERP | 机器人流程自动化（RPA） | 新一代ERP | 电子会计档案 | 在线与远程办公 | 移动支付 | 在线与远程办公 |
| 7 | 移动支付 | 区块链电子发票 | 移动支付 | 在线与远程办公 | 电子会计档案 | 在线与远程办公 | 数字签名 |
| 8 | 区块链电子发票 | 在线与远程办公 | 区块链电子发票 | 移动支付 | 新一代ERP | 机器人流程自动化（RPA） | 区块链电子发票 |
| 9 | 电子存证 | 移动支付 | 数字签名 | 数据挖掘 | 移动支付 | 区块链电子发票 | 在线审计 |
| 10 | 数字签名 | 数据中台 | 数字货币 | 区块链电子发票 | 电子存证 | 智能流程自动化（IPA） | 移动互联网 |

在综合评选基础上，2021年我们首次针对不同岗位人群的评选结果进行了细分，以清晰地体现信息技术对不同岗位的影响程度。以财务会计人群所关注的信息技术为例，更侧重清晰的核算流程、准确的数据来源、真实的原始凭证、便捷的操作方式等，这些全都是围绕当下经营结果的确认而展开的。又如，CPA审计人群将"银行电子函证""在线审计"选为前两位，更凸显了信息技术的工具化特征。

我们也看到，在不同群体对技术的认知存在明显差异的同时，也有一些技术取得了广泛的共识，如"电子发票""财务云""会计大数据分析与处理技术""电子会计档案"等均位于较前的位置，已经成为人们工作中习以为常的信息技术。

结合2021年新增的投票人需求的调查结果看，投票人希望进一步了解的首先是最佳实践，得票率为77.04%；其次是相关产品，得票率为54.06%；再次是技术发展动态，得票率为48.71%；最后是理论知识，得票率为29.89%。投票人最想看"财务云"与"会计大数据分析与处理技术"的最佳实践成果，一方面是提升技术应用能力，以提升会计工作效率，再就是对于自身未知的场景形成预期，或对于自身场景的完善提供借鉴，了解技术发展和应用规律，降低工作中的不确定性；另一方面是相关产品知识，尤其是对于层出不穷的功能产品，如费控软件、预算软件等，由于缺乏对其全面的了解而无法判断。调查显示，职位层级越高的人，越关注技术发展动态，说明其需要前瞻性地掌握技术发展前景。

通过公式

变异系数 $C \cdot V = ($ 标准偏差 $SD/$ 平均值 $Mean) \times 100\%$

来计算,其结果可以体现出不同维度区分的投票群体对于信息技术的观点差异,数值越大则意见分歧越大,数值越小则认同度越高。

（1）不同职位层次的投票人对各项技术的排序总体差别不大,但有些技术显著呈现出与职位层次正相关的特征,如"新一代 ERP""机器人流程自动化（RPA）"。

（2）不同工作岗位的投票人对于信息技术的影响力评价差异明显,意见分歧最大的是"数据中台",其次为"机器人流程自动化（RPA）",最小的是"财务云"与"新一代 ERP",可以看出是流程驱动下的选择。

（3）不同单位类型的投票人对于信息技术的影响力评价差异较为明显,意见分歧最大的是"数据中台",其次为"会计大数据分析与处理技术",最小的是"电子发票"与"财务云",这与其职能及组织结构有一定关系。

（4）不同所有制企业的投票人对于信息技术的影响力评价差异一般,相对意见分歧最大的是"机器人流程自动化（RPA）",其次为"财务云",最小的则是"电子发票"与"机器人流程自动化（RPA）"。

（5）不同规模企业的投票人对于信息技术的影响力评价差异一般,相对意见分歧最大的是"机器人流程自动化（RPA）",其次为"财务云",最小的则是"电子发票"与"机器人流程自动化（RPA）"。

信息技术的应用需要适合的土壤,通过多维度的分析结果我们看到同一信息技术在不同限定条件下的接受程度,其基础是取得广泛共识。

## 五、2017—2021 年十大信息技术评选结果纵向分析

表4　2017—2021 年十大信息技术评选结果纵向比较

| 排序 | 2021 年 | | 2020 年 | | 2019 年 | | 2018 年 | | 2017 年 | |
|---|---|---|---|---|---|---|---|---|---|---|
| | 技术名称 | 得票率 | 技术名称 | 得票率 | 技术名称 | 得票率 | 技术名称 | 得票率 | 技术名称 | 得票率 |
| 1 | 财务云 | 56.02% | 财务云 | 73.14% | 财务云 | 72.10% | 财务云 | 90.22% | 大数据 | 88.68% |

（续表）

| 排序 | 2021 年 | | 2020 年 | | 2019 年 | | 2018 年 | | 2017 年 | |
|---|---|---|---|---|---|---|---|---|---|---|
| | 技术名称 | 得票率 | 技术名称 | 得票率 | 技术名称 | 得票率 | 技术名称 | 得票率 | 技术名称 | 得票率 |
| 2 | 电子发票 | 55.46% | 电子发票 | 66.33% | 电子发票 | 69.50% | 电子发票 | 81.15% | 电子发票 | 81.12% |
| 3 | 会计大数据分析与处理技术 | 52.19% | 会计大数据技术 | 62.44% | 移动支付 | 50.70% | 移动支付 | 66.49% | 云计算 | 71.26% |
| 4 | 电子会计档案 | 47.69% | 电子档案 | 50.56% | 数据挖掘 | 46.90% | 电子档案 | 62.25% | 数据挖掘 | 58.26% |
| 5 | 机器人流程自动化（RPA） | 41.58% | RPA（机器人流程自动化） | 48.41% | 数字签名 | 44.50% | 在线审计 | 62.19% | 移动支付 | 54.69% |
| 6 | 新一代ERP | 33.66% | 新一代ERP | 47.91% | 电子档案 | 43.10% | 数据挖掘 | 54.77% | 机器学习 | 50.27% |
| 7 | 移动支付 | 33.38% | 区块链技术 | 45.73% | 在线审计 | 41.40% | 数字签名 | 54.06% | 移动互联 | 49.28% |
| 8 | 数据中台 | 31.77% | 移动支付 | 43.00% | 区块链发票 | 41.10% | 财务专家系统 | 53.30% | 图像识别 | 47.48% |
| 9 | 数据挖掘 | 31.03% | 数据挖掘 | 42.77% | 移动互联网 | 39.60% | 移动互联网 | 48.41% | 区块链 | 46.22% |
| 10 | 智能流程自动化（IPA） | 29.32% | 在线审计 | 42.74% | 财务专家系统 | 37.70% | 身份认证 | 47.70% | 数据安全技术 | 45.01% |

注：近 5 年的评选规则略有不同：2021 年、2019 年为从 30 个候选技术中选不超过 10 个；2020 年为从 30 个候选技术中选 10 个；2017 年、2018 年为从 24 个候选技术选 10 个。

　　尽管评选规则略有差异，但连续 5 年的评选结果（表 4）能够体现出明显的趋势。据多年连续跟踪评选的元年科技 CTO 李彤博士分析，"财务云"连续 4 年排名第一，但得票率已经从最开始的 90.22% 下降到56.02%。他认为，财务共享、资金管理等的集中化、线上化模式，已经被社会普遍接受，成为成熟的信息技术。2021 年的财务云定义与 2018 年相比，已经融合了很多新的信息技术，是同一个名字不同的内容。连续 5 年"电子发票"都位居第二，2021 年的得票率与第一名差距不到 1%，李彤博士 2021 年年初曾预测"电子发票"有望被评为第一，由于专票电子发票的落地进展不达预期,影响了其得票率,随着"金税四期"上线带来的压力,"电子发票"将对财务流程、税务管理产生广泛的影响,在未来有望得到一个更好的表现。这也体现出政策导向是对信息技术产生影响的主要要素。

同时,我们也可以看到信息技术的演化途径。我们对有的信息技术进行了细分,如"大数据"先是细分出"会计大数据技术",其次细分颗粒度为"会计大数据分析与处理技术",说明其应用场景不断的成熟;对有的信息技术进行了拓展,如"云计算"融合多项信息技术演化为"财务云"。这也凸显了信息技术迭代速度快、渗透力强的特点。本次评选专家、科大讯飞副总裁、首席信息官王宏星分析,总体趋势是由较单一化向多元化发展的,未再呈现以往一两种技术独大的局面(>60%)。他认为随着技术及应用的逐渐成熟,关注的比重也会随之降低;而智能流程自动化(IPA)、数据中台则首次进入前十,逐渐显现出数据技术的重要性。王宏星认为5年的评选体现会计行业变革方向:一是新技术的突飞猛进,改变了传统思维、传统行业,催生了新模式、新业态、新产业的共荣;二是随着新文科、新会计、新教育的普及,从业人员的意识已经得到了转变,以"接受变化、拥抱变化、主动求变"的心态,来迎接财务数字化转型浪潮的洗礼。

本次评选专家、立信会计师事务所(特殊普通合伙)合伙人宋永豪关注以下两个方面:一是最新上榜的技术,2021年是智能流程自动化(IPA)技术,这种技术的本质"将人的机器属性剥离",结合RPA、职能工作流、机器学习、NLG(Natural Language Generation,自然语言生成)等多种技术的新生产物,在实务中已经有了部分的应用,并且会成为未来发展的重要方向。二是逐渐从榜单中消失的技术,它们又可以分为两类。一类是大数据这种由颗粒度更细的技术分类所代替,反而证明了应用上有了更高的热度;另一类是像区块链、数据挖掘、数字签名等技术,要么在行业内的实际应用跟不上会计人的关注度,要么是技术太成熟并且镶嵌在其他的应用中导致的关注度下降。宋永豪建议,作为会计从业人员,要优先了解常年在榜的技术,因为这些技术不论是实际应用的效果还是大家关注的热度都经过了时间的考验,对于新上榜的技术则需要作为会计从业人员和企业以后的重点关注和学习对象。

## 附录  候选信息技术介绍

## 一、"2021 年影响中国会计从业人员的十大信息技术"30 项候选信息技术

附表 1  "2021 年影响中国会计从业人员的十大信息技术"的候选技术

| 序号 | 当前影响的技术选项 | 简介 |
|---|---|---|
| 1 | Python 及网络爬虫技术 | Python 是一种跨平台的计算机程序设计语言,结合了解释性、编译性、互动性和面向对象的脚本语言。最初被设计用于编写自动化脚本(shell),随着版本的不断更新和语言新功能的添加,越多被用于独立的、大型项目的开发。网络爬虫技术是互联网上进行信息采集的通用手段,在互联网的各个专业方向上都是不可或缺的底层技术支撑 |
| 2 | 射频识别技术(RFID)与二维码技术 | 射频识别技术(Radio Frequency Identification,RFID)与二维码技术是物联网感知层的重要技术手段,是实现物联的关键因素。从应用上来看,二维码必须要通过扫码设备才能读取数据,如果要处理的商品较多,每个商品的二维码都要通过扫码设备才能读取信息。但是,RFID 就表现出很突出的优势,如果每个商品都装有 RFID 标签的话,只需在办公室里读取读写器上的数据 |
| 3 | 财务云 | 财务云是将集团企业财务共享管理模式与云计算、移动互联网、大数据等计算机技术有效融合,实现财务共享服务、财务管理、资金管理三中心合一,建立集中、统一的企业财务云中心,支持多终端接入模式,实现"核算、报账、资金、决策"在全集团内的协同应用 |
| 4 | 电子存证 | 电子存证是将电子数据证据信息保存在安全稳定的数据库中,以便在需要予以调用,同时还采用了特定的技术以便能将这种过程通过数据予以记录,来证明特定时间的电子数据的状态,也可来证明电子数据在存储后并未被篡改。电子存证通常情况下分为两种类型:一种是原件为纸质的文件经过扫描成为电子文件用作存档;另一种是直接通过计算机产生的文档、图片、视频等格式的文件 |
| 5 | 电子发票 | 电子发票是信息时代的产物,同普通发票一样,采用税务局统一发放的形式给商家使用,发票号码采用全国统一编码,采用统一防伪技术,分配给商家,采用在电子发票上附有电子税局的签名机制 |
| 6 | 电子会计档案 | 电子会计档案是指通过计算机磁盘等设备进行存储,与纸质档案相对应,相互关联的通用电子图像文件集合,通常以案卷为单位。它是记录和反映经济业务的重要历史资料和证据,包括电子凭证、电子账簿、电子报表以及其他电子会计核算资料等 |
| 7 | 分布式账本 | 分布式账本是一种在网络成员之间共享、复制和同步的数据库,记录网络参与者之间的交易,如资产或数据的交换。这种共享账本消除了调解不同账本的时间和开支。分布式账本是一个复制的共识,共享和同步数字数据在地理上分布在多个网站、国家或机构 |

（续表）

| 序号 | 当前影响的技术选项 | 简介 |
|---|---|---|
| 8 | 管理驾驶舱 | 管理驾驶舱是为企业内部领导及相关高管提供指标分析型的系统。打破数据隔离，实现指标分析及决策场景落地。它通过详尽的指标体系，实时反映企业的运行状态，将采集的数据形象化、直观化、具体化，最大化地发挥高层经理了解、领导和控制公司业务职能的管理室（即驾驶舱） |
| 9 | 光学字符识别（OCR） | 光学字符识别（Optical Character Recognition，OCR）是电子设备（如扫描仪或数码相机）检查纸上打印的字符，通过检测暗、亮的模式确定其形状，然后用字符识别方法将形状翻译成计算机文字的过程 |
| 10 | 会计大数据分析与处理技术 | 会计大数据分析与处理技术是大数据在大会计概念下的应用技术，涵盖各类会计大数据平台、会计大数据指数体系等大数据应用技术，包括数据管理、决策分析、风险管控、审计等，用于进行大会计相关的数据分析和处理 |
| 11 | 机器人流程自动化（RPA） | 机器人流程自动化（Robotic Process Automation，RPA），是可以记录人在计算机上的操作，并重复运行的软件。RPA可以按照事先约定好的规则，对计算机进行鼠标点击、敲击键盘、数据处理等操作 |
| 12 | 机器学习 | 机器学习是一门多领域交叉学科，涉及概率论、统计学、逼近论、凸分析、算法复杂度理论等多门学科。它专门研究计算机如何模拟或实现人类的学习行为，以获取新的知识或技能，重新组织已有的知识结构使之自身的性能不断改善 |
| 13 | 可视化技术 | 可视化技术是利用计算机图形学和图像处理技术，将数据转换成图形或图像在屏幕上显示出来，并进行交互处理的理论、方法和技术。它涉及计算机图形学、图像处理、计算机视觉、计算机辅助设计等多个领域，成为研究数据表示、数据处理、决策分析等一系列问题的综合技术 |
| 14 | 区块链电子发票 | 区块链电子发票是基于区块链技术的电子发票应用。从本质上来讲，它是一个共享数据库，存储于其中的数据或信息，具有"不可伪造""全程留痕""可以追溯""公开透明""集体维护"等特征。基于这些特征，区块链技术奠定了坚实的"信任"基础，创造了可靠的"合作"机制，具有广阔的运用前景 |
| 15 | 商业智能（BI） | 商业智能（Business Intelligence，BI）是对商业信息的搜集、管理和分析过程，目的是使企业的各级决策者获得知识或洞察力，促使决策者做出对企业更有利的决策。商业智能一般由数据仓库、联机分析处理、数据挖掘、数据备份和恢复等部分组成。商业智能的实现涉及软件、硬件、咨询服务及应用，其基本体系结构包括数据仓库、联机分析处理和数据挖掘三个部分 |
| 16 | 数据仓库 | 数据仓库是为企业的决策制定过程提供数据支持的战略集合。它是单个数据存储，出于分析性报告和决策支持目的而创建。它为需要业务智能的企业，提供指导业务流程改进、监视时间、成本、质量以及控制 |
| 17 | 数据挖掘 | 数据挖掘是数据库知识发现的一个步骤。数据挖掘一般是指从大量的数据中通过算法搜索隐藏于其中信息的过程。数据挖掘通常与计算机科学有关，并通过统计、在线分析处理、情报检索、机器学习、专家系统（依靠过去的经验法则）和模式识别等诸多方法来实现上述目标 |

(续表)

| 序号 | 当前影响的技术选项 | 简介 |
|------|------|------|
| 18 | 数据治理 | 数据治理是组织中涉及数据使用的一整套管理行为,由企业数据治理部门发起并推行,关于如何制定和实施针对整个企业内部数据的商业应用和技术管理的一系列政策和流程。数据治理是对数据资产管理行使权力和控制的活动集合,是一个通过一系列信息相关的过程来实现决策权和职责分工的系统 |
| 19 | 数据中台 | 中台概念与前台和后台对应,是在企业的一些系统中,被共用的中间件的集合。前台即是面向客户的市场、销售和服务部门或系统,后台是技术支持、研发、财务、人力资源、内部审计等,中台则是介于前台和后台之间的一个综合能力平台。数据中台重构了企业数据系统的架构,是一套可持续"让企业的数据用起来"的机制,是依据企业特有的业务模式和组织架构,通过有形的产品和实施方法论支撑,构建一套持续不断把数据变成资产并服务于业务的机制 |
| 20 | 数字货币 | 数字货币是一种不受管制的、数字化的货币,通常由开发者发行和管理,被特定虚拟社区的成员所接受和使用。欧洲银行业管理局将虚拟货币定义为:价值的数字化表示,不由央行或当局发行,也不与法币挂钩,但被公众所接受,因此可作为支付手段,也可以电子形式转移、存储或交易 |
| 21 | 数字签名 | 数字签名是只有信息的发送者才能产生的别人无法伪造的一段数字串,这段数字串同时也是对信息的发送者发送信息真实性的一个有效证明。它是一种类似写在纸上的普通的物理签名,但是使用了公钥加密领域的技术来实现的,用于鉴别数字信息的方法,数字签名是非对称密钥加密技术与数字摘要技术的应用 |
| 22 | 新一代 ERP | 新一代 ERP,是指依托包括大数据、人工智能、云计算等信息技术,一方面不断整合管理思想与企业管理,另一方面实现企业内部系统之间、企业系统与外部系统之间的整合。新一代 ERP 的发展趋势是进一步和电子商务、客户关系管理、供应链管理等进行整合 |
| 23 | 移动互联网 | 移动互联网是一种通过智能移动终端,采用移动无线通信方式获取业务和服务的新兴业务。它是互联网的技术、平台、商业模式和应用与移动通信技术结合并实践的活动的总称,包含终端、软件和应用三个层面 |
| 24 | 移动支付 | 移动支付是允许用户使用其移动终端对所消费的商品或服务进行账户支付的一种服务方式。移动支付将终端设备、互联网、应用提供商以及金融机构相融合,为用户提供货币支付、缴费等金融业务。移动支付主要分为近场支付和远程支付两种 |
| 25 | 银行电子函证 | 银行电子函证可以构建覆盖全国的线上化银行函证服务网络,通过标准化接口与商业银行及会计师事务所进行系统对接,线上完成银行电子函证的制作、授权、发送、回函等工作,将银行函证由传统线下手工纸质操作方式转变为线上方式,通过数字化简化函证处理流程,可以加快函证处理效率,有效解决传统纸质函证模式的多种弊端 |
| 26 | 在线审计 | 在线审计是审计人员基于互联网,借助现代信息技术,运用专门的方法,通过人机结合,对被审计单位的网络会计信息系统的开发过程及其本身的合规性、可靠性和有效性以及基于网络的会计信息的真实性、合法性进行的远程审计 |

（续表）

| 序号 | 当前影响的技术选项 | 简介 |
|---|---|---|
| 27 | 在线与远程办公 | 在线与远程办公是个人和组织所使用的办公类应用的计算和储存两个部分功能,它不能由安装在客户端本地的软件提供,而是由位于网络上的应用服务予以交付,用户只能通过本地设备实现与应用的交互功能 |
| 28 | 知识图谱 | 知识图谱又称为科学知识图谱,在图书情报界称为知识域可视化或知识领域映射地图,它是显示知识发展进程与结构关系的一系列各种不同的图形,它用可视化技术来描述知识资源及其载体,挖掘、分析、构建、绘制和显示知识及它们之间的相互联系 |
| 29 | 智能流程自动化（IPA） | 智能流程自动化（Intelligent Process Automation, IPA）将 RPA 与 AI 相结合。企业业务流程中需要涉及判断处理,而 RPA 却无法做出灵活判断时,IPA 能与 AI 相结合,无需人工干预就能判断处理更加复杂的任务,从而解放更多的员工,使他们从事更有价值、更有创造性的工作 |
| 30 | 自然语言处理（NLP）与理解 | 自然语言处理（Natural Language Processing, NLP）与理解是计算机科学领域与人工智能领域中的一个重要方向,是计算机科学和人工智能共同关注的计算机和人类（自然）语言之间的相互作用的领域。它研究能实现人与计算机之间用自然语言进行有效通信的各种理论和方法 |

## 二、"2021 年潜在影响中国会计从业人员的五大信息技术"22 项候选信息技术

附表 2　"2021 年潜在影响中国会计从业人员的五大信息技术"的候选技术

| 序号 | 潜在影响的技术选项 | 简介 |
|---|---|---|
| 1 | 基于法定数字货币的智能支付与结算 | 法定数字货币是由中央银行发行,由指定运营机构参与运营并向公众兑换,以广义账户体系为基础,支持银行账户松耦合功能,与纸钞和硬币等价,并具有价值特征和法偿性的可控匿名的支付工具。支付与结算是法定数字货币应用的重点场景,未来基于法定数字货币的智能支付与结算可能会对现有的基于银行账户的电子支付及清算体系产生重要影响 |
| 2 | 知识图谱与智能推理引擎 | 知识图谱被当作一种用图模型来描述实体事物和属性之间概念及其关联关系的语义知识库。知识图谱的核心在于构建数据全面且丰富的数据库,既包括结构化数据库,也涵盖从各类文本、图片内容中抽取的结构化数据信息,丰富的知识库能够将逻辑规则应用于推理引擎,为智能化决策功能提供更好的解决方案 |
| 3 | 基于 5G 通信的实时会计信息处理 | 5G 通信是第五代移动电话行动通信技术的简称。相对 4G 而言,5G 不仅在速度而且还在功耗、时延等多个方面有了全新的提升。因此,业务需求会有巨大提升,互联网的发展也将从移动互联网进入智能互联网时代。5G 技术具有高速度、泛在网、低功耗、低时延、万物互联、重构安全等特点。5G 能够为实时会计信息处理提供更为丰富的数据来源,及时的业务处理和全方位信息的快速传递和反映 |

（续表）

| 序号 | 潜在影响的技术选项 | 简介 |
|---|---|---|
| 4 | 分布式记账与区块链审计 | 分布式记账技术是一种新型的记账技术，其核心在于将记账分布在网络中的各个节点，账务信息不由任何中央机构维护，信息更新由每个节点独立记录并传播到全部节点的，可实现记账的去中心化。分布式记账的去中心化、防篡改、可追溯等特性，推动着区块链审计的发展，以提升审计工作效率，构建全方位审计体系，增强审计独立性，保障数据真实性，降低追踪交易成本，验证交易双方数据记录真实性 |
| 5 | 物联网与自动化物件 | 物联网是通过各种信息传感器、射频识别技术、全球定位系统、红外感应器、激光扫描器等各种装置与技术，实时采集任何需要监控、连接、互动的物体或过程，采集其声、光、热、电、力学、化学、生物、位置等各种需要的信息，通过各类可能的网络接入，实现物与物、物与人的泛在连接，实现对物品和过程的智能化感知、识别和管理。在资产管理方面，借助物联网，可以存货管理和财务处理。自动化物件（Autonomous things）包括无人机、机器人、轮船与设备等，其利用人工智能来执行任务。自动化物件能够实现操作流程的半自动化，甚至完全自动化，与物联网的融合，将使自动化物件发挥更大的效益 |
| 6 | 生物识别与生物安全认证 | 生物识别通过计算机与光学、声学、生物传感器和生物统计学原理等高科技手段密切结合，利用人体固有的生理特性（如指纹、人脸、虹膜等）和行为特征（如笔迹、声音、步态等）来进行个人身份的鉴定。它通过生物特征进行身份识别，进而对于 ERP 系统操作，财务云端操作，金融机构操作等行为中对于身份的鉴别程序进行简化，帮助更好地实现远距、多终端、多线程、无接触操作的需求。进而如何确保生物识别的安全性成为迫切需要解决的问题，因此，生物安全认证体系的构建就显得尤为重要 |
| 7 | 自然语言处理（NLP）与对话机器人 | 自然语言处理（Natural Language Processing，NLP）是将人类交流沟通所用的语言经过处理转化为机器所能理解的机器语言的科学，它是一种研究语言能力的模型和算法框架，是语言学和计算机科学的交叉学科。自然语言处理主要分两个流程：自然语言理解和自然语言生成。利用自然语言处理技术，并且基于财务领域典型场景的对话知识库及业务图谱，使用对话机器人自动应答用户问题，可提高问题解答效率，将财务人员从高频和简单的重复咨询释疑劳动中解放出来，投入更多精力去从事更为复杂和专业的服务工作 |
| 8 | 虚拟现实（VR）技术与增强现实（AR）技术 | 虚拟现实（Virtual Reality，VR），是一项全新的实用技术。虚拟现实技术囊括计算机、电子信息、仿真技术，其基本实现方式是计算机模拟虚拟环境从而给人以环境沉浸感。增强现实（Augmented Reality，AR）是一种将虚拟信息与真实世界巧妙融合的技术，它广泛运用多媒体、三维建模、实时跟踪及注册、智能交互、传感等多种技术手段，将计算机生成的文字、图像、三维模型、音乐、视频等虚拟信息模拟仿真后，应用到真实世界，从而实现对真实世界的"增强" |

| 序号 | 潜在影响的技术选项 | 简介 |
|------|------|------|
| 9 | 数据中台、业务中台与管理中台 | 中台概念与前台和后台对应，指的是在企业的一些系统中，被共用的中间件的集合。前台即是面向客户的市场、销售和服务部门或系统，后台是技术支持、研发、财务、人力资源、内部审计等，中台则是介于前台和后台之间的一个综合能力平台。它常见于网站架构、金融系统。中台包括数据中台、业务中台与管理中台。数据中台重构了企业数据系统的架构；业务平台则是企业的共享平台，集合了标准化和可以复用的功能模块；管理中台将企业的管理共性需求抽象、聚合，打造出平台化、组件化的系统能力和解决方案 |
| 10 | 云原生与微服务 | 云原生是一种新型技术体系，是云计算未来的发展方向。在使用云原生技术后，开发者无需考虑底层的技术实现，可以充分发挥云平台的弹性和分布式优势，实现快速部署、按需伸缩、不停机交付等。微服务是一个新兴的软件架构，是把一个大型的单个应用程序和服务拆分为数十个的支持微服务。一个微服务的策略可以让工作变得更为简便，它可扩展单个组件而不是整个的应用程序堆栈，从而满足服务等级协议。借助云原生技术体系，微服务将会使项目的部署和运维变得更方便、简捷 |
| 11 | 会计数据标准与iXBRL （Inline XBRL） | 会计数据标准对于规范会计软件市场的管理、防止会计信息失真、提高信息披露质量和审计工作效率大有裨益，同时对会计信息化软件开发和应用能起到基础支撑作用。可扩展商业报告语言（eXtensible Business Reporting Language，XBRL）是基于互联网、跨平台操作，专门用于财务报告编制、披露和使用的计算机语言，基本实现数据的集成与最大化利用，会计信息数出一门，资料共享，是国际上将会计准则与计算机语言相结合，用于非结构化数据，尤其是财务信息交换的最新公认标准和技术。它通过对数据统一进行特定的识别和分类，可直接为使用者或其他软件所读取及进一步处理，实现一次录入、多次使用。网页集成式报告（Inline XBRL，iXBRL）将XBRL数据直接嵌入到申报文件中，便于计算机和人类更为轻松地阅读信息披露文档。XBRL和iXBRL是会计数据标准实现的一种选择 |
| 12 | 深度学习与智能决策 | 深度学习是学习样本数据的内在规律和表示层次，这些学习过程中获得的信息对如文字、图像和声音等数据的解释有很大的帮助。它的最终目标是让机器能够像人一样具有分析学习能力，能够识别文字、图像和声音等数据。智能决策是把感知、认知、决策和执行过程有机地统一起来，通过数据处理和分析产生数据模型、人工智能以至能对不同应对方案的结果进行预测和评估。深度学习是建立深层结构模型的学习方法，可以使机器模仿视听和思考等人类的活动，解决更多复杂的模式识别难题，帮助构建具有自主学习和适应能力的会计信息系统，从而更好地进行智能决策 |
| 13 | 可视化技术与管理驾驶舱 | 可视化技术是利用计算机图形学和图像处理技术，将数据转换成图形或图像在屏幕上显示出来，再进行交互处理的理论、方法和技术。管理驾驶舱是基于ERP的高层决策支持系统，是一组动态的KPI指标。它通过详尽的指标体系，包含"平衡计分卡"模型中的各项指标（这些指标通常直接指向公司的目标和阶段性问题）实时反映企业的运行状态，将采集的数据形象化、直观化、具体化。可视化技术的交互性将促使管理驾驶舱更具动态环境的适应能力 |

（续表）

| 序号 | 潜在影响的技术选项 | 简介 |
|---|---|---|
| 14 | 数据湖与大规模数据存储、计算技术 | 数据湖是通过对包括结构化、半结构化和非结构化在内的数据进行收集、存储和分析，能够提供企业级数据的应用和扩展，可以提升静态数据和动态数据的使用价值。数据湖通常是所有企业数据的单一存储，包括源系统数据的原始副本和用于报告、可视化，分析和机器学习等任务的转换数据。数据湖技术推动着大规模数据存储和计算技术的发展 |
| 15 | 基于数字孪生的管控与决策 | 数字孪生是指以数字化方式再现真实的实体或系统，是充分利用物理模型、传感器更新、运行历史等数据，集成多学科、多物理量、多尺度、多概率的仿真过程。它在虚拟空间中完成映射，从而反映相对应的物件或系统的全生命周期过程，同时可以帮助了解物件或系统的状态、响应变化、改进运营并提升价值。基于数字孪生技术，可以更好促进企业的管控与决策 |
| 16 | 人机共生的协同与管控 | 人机共生是人类和电子计算机之间合作互动的一个预期发展。这将涉及人类和电子设备之间非常密切的耦合。主要目的是：①让计算机促进公式化思维，并促进公式化问题的解决；②让人类和计算机能够合作做出决策和控制复杂的情况，而不依赖于预先确定的程序。人机共生管理让AI机器服务于两侧。一方面是专家侧，另一方面是用户侧；也就是一面是生产者，一面是用户。我们每个人可能同时是专家也是用户。AI机器作为服务的环节，让专家更专业，让用户体验更好，效率更高。人机共生的协同与管控是人机共生进一步发展至关重要的环节 |
| 17 | 智能远程实时审计 | 智能远程实时审计是利用计算机和网络传输技术对审计机关以外的部门、单位的财政财务收支实施经常性、即时性审计。在审计过程中，作为审计主体的审计机关在被审计单位的积极配合下，享有充分的审计主动权。审计人员可以在审计机关内即时自由的查询、检索、整理、下载和打印审计所需要的各种数据和资料，完成大部分在审计现场所做的工作。随着信息技术的更新迭代，用于满足内部审计、外部审计、国家审计等不同类型的审计需求的智能远程实时审计工具和平台也在不断呈现 |
| 18 | 隐私保护和信息系统安全与控制 | 隐私保护是指使个人或集体等实体不愿意被外人知道的信息得到应有的保护。对信息系统安全与控制构成威胁的因素很多，包括灾难、系统安全问题、系统错误与质量问题等。信息系统安全与控制内容包括硬件设备控制、软件控制、数据安全控制、系统实施控制和管理控制。随着隐私保护的重视，信息系统安全与控制也应当将隐私保护纳入控制范畴 |
| 19 | 数据治理和数据资产的管理与应用 | 数据治理（Data Governance）是组织中涉及数据使用的一整套管理行为。数据资产管理（Data Asset Management）是规划、控制和提供数据及信息资产的一组业务职能，包括开发、执行和监督有关数据的计划、政策、方案、项目、流程、方法和程序，从而控制、保护、交付和提高数据资产的价值。数据治理是数据资产有效应用的前提 |

（续表）

| 序号 | 潜在影响的技术选项 | 简介 |
|---|---|---|
| 20 | 认知智能与超自动化 | 人工智能分为三个发展阶段：计算智能、感知智能、认知智能。其中，认知智能是指机器具有主动思考和理解的能力，不用人类事先编程就可以实现自我学习，有目的推理并与人类自然交互。超自动化是一个为了交付工作、涵盖了多种机器学习、套装软件和自动化工具的集合体。超自动化不但包含丰富的工具组合，还包含自动化本身的所有步骤（发现、分析、设计、自动化、测量、监控和再评估）。超自动化的主要重点在于将更多应用认知智能技术，理解自动化步骤的作用范围、它们彼此之间的关联以及它们的组合与协调方式 |
| 21 | 智能合约与可信交易 | 智能合约是指一份能自动执行本需要手动才能完成任务的协议。例如，一份能自动计算合同当事人待付金额，并安排支付这笔金额的合约。智能合约将减少协议执行过程中的人工干预。可信交易是指表征该交易过程的信息集合必须真实、准确、完整、规范地描述其现实世界中对应的交易过程。智能合约为交易提供协议自动执行服务，为解决可信交易的数据协同问题提供了一种解决方法 |
| 22 | 基于国家金税工程的实时纳税监管 | 国家金税工程是国家信息化重点工程之一，是将一般纳税人认定、发票领购、纳税申报、税款缴纳全过程实现网络运行，加强增值税征收管理的信息化系统工程。增值税防伪税控系统是运用数字密码和电子存储技术，强化增值税专用发票防伪功能，实现对增值税一般纳税人税源监控的计算机管理系统。纳税人应当按照规定安装、使用税控装置，不得损毁或者擅自改动税控装置。基于国家金税工程，以发票电子化改革为突破口，以税收大数据为驱动力，建成具有高集成功能、高安全性能、高应用效能的智能税务，以精准实施实时纳税监管 |

中篇

·

十大信息技术的行业应用介绍

# 十大信息技术助力制造业财务高质量发展

孔冰，浪潮智慧企业研究院

新一轮的科技革命和产业变革席卷各行各业，为实施"制造强国"战略，制造业数字化转型一直是重头戏，尤其是疫情常态化和新发展格局的环境变化，使得制造业企业持续加速开展数字化转型。作为制造业企业运营管理的重点，加速财务数字化转型成为支撑整体数字化转型、帮助制造业企业迈向新征程的重要保障。本文结合先行者的经验和大量实践，为制造业企业提供财务数字化转型方式及参考路径。

## 一、制造业成为数字化转型的主战场

近年来，数字技术的革新与发展，尤其是云计算、大数据、工业互联网、人工智能以及5G通信技术的广泛应用，加快了新一代数字技术向各行各业渗透融合的速度，企业进行新技术升级，向数字化转型的趋势越来越明显。尤其2020年以来，新冠疫情对企业产生了非常大的冲击，很多企业受到严峻的负面影响没有存活下来，而从存活下来的企业可以看出，数字化转型程度对企业的影响很大。为进一步转变经济下行的局势，推动企业复苏，国家发布了一系列相关措施，就企业数字化转型方式方法给出了明确要求，企业数字化转型已刻不容缓。作为国家生产力水平的代表，制造业是我国近年来追赶发达国家、缩小与发达国家差距的重要关注点，它必然会成为数字化转型的主战场。

### （一）信息技术驱动制造业数字化转型进入深水区

2020年，IDC（互联网数据中心）发布《IDC FutureScape：全球制造业

2021 年预测——中国启示》，为制造业企业提供了未来制造业信息技术及其所支持业务的发展趋势。

从该预测中可以看出，信息技术对制造业企业的影响逐渐开始了新的演变。预测中排名第一位的是 AI 风险决策，它指出，在未来 5 年，50% 以上的中国 2 000 强企业会使用 AI 技术，通过进行大量的数据挖掘和分析，对企业基于风险的操作控制做出指导。除此之外，预测进一步强调了资产自动化运营、供应链的弹性、车间数字孪生、嵌入式质量管理等技术的影响。数字化技术的深入应用推动整个制造行业，尤其智能制造领域进入深水区。

### （二）制造业数字化转型面临的挑战

党的十八大以来，习近平总书记围绕加快新型工业化道路、狠抓以制造业为基础的实体经济等问题，提出"坚持走新型工业化道路""抓实体经济一定要抓好制造业""制造业是构筑未来发展战略优势的重要支撑"等一系列重要观点，形成了关于制造强国的重要论述。然而，自 2008 年国际金融危机以来，国际上贸易保护主义抬头，国际贸易投资大幅下滑，此外，新冠疫情的全球蔓延加剧了这一态势，全球市场面临持续萎缩，为应对外部市场萎缩、化解结构性矛盾，习近平总书记提出"加快形成以国内大循环为主体、国内国际双循环相互促进的新发展格局"的战略思想，强调生产环节在国民经济循环中的决定性作用。出口转内销，首当其冲的是制造业，制造业企业转型迫在眉睫。

制造业企业的数字化转型相较传统转型而言更加复杂。

首先，数字技术的使用是数字化转型的重中之重，相对于数字原生企业而言，制造业企业中对新兴数字技术的应用更多体现在智能化设备的改造，以及工作效率的提升和改善。实际上基于数字技术产生的数字业务对于企业是颠覆式的创新，与其传统业务相比，数字业务这类颠覆式创新产品，对传统业务的挑战需要着重考虑新产品与旧业务之间的矛盾与取舍，转型还是应该聚焦于主业，切忌为了转型而转型。

其次，制造业企业产业链长而复杂，从研发设计、生产制造、销售物流等生产环节，到人财物职能管控环节，基于原有流程进行整合优化仍然是当前的重点。很多制造业企业凭借传统重资产产生的优势逐步丧失，这使得盈利空间受到强烈挤压，多数企业也在不断拓展横向的产业链拓展及产业协同。而数字化转型的基本要求是做到连接和协同，要打通各部门间的数据孤岛，甚至是上下游跨企业的数据，使得数据透明化程度变高，这有利于传统信息系统的改造升级，尤其是制造业企业也在不断拓展边界，这一举动不仅需要数字技术来解决，更多的也需要来自各部门甚至生态伙伴的协同推进。

最后，制造业企业推进数字化转型需要的组织变革投入也会更多，这远不是生产自动化部门所能承载的。数字化转型将会重新定义职能部门，部门职责更偏向于数字化组织需求，同时，具备业务能力和技术能力的复合型人才将会成为制造业企业的人才培养趋势，数字化转型的未来将是人才战争。

### （三）制造业数字化转型当前的重点仍然围绕产业数字化

制造业企业的重心是生产环节，具有重资产、生产过程复杂、企业价值链复杂及产业供应链复杂的行业特色，在数字化转型过程中它必定首选产业数字化，以智能制造为核心转型方向，优先改善传统的生产效率，持续推进"两化融合"。

当前的智能制造与传统工厂内的智能化改造有所不同，已逐渐衍生到贯穿企业上下，包括从产品的设计、计划、制造、仓储、到交付的全价值链，同时，基于平台搭建起全产业链的协同，构造采购协同、设备运维协同、营销服务协同、制造协同的全网络式服务，实现内外协同，建立全产业链联动的全新工业生态体系（图1）。

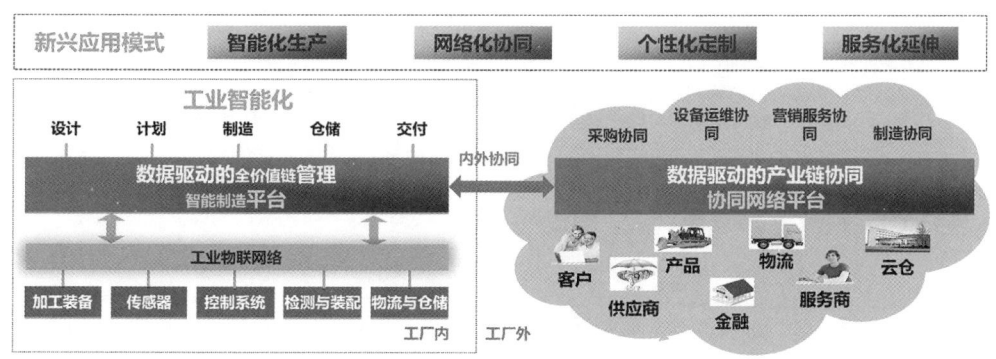

**图 1　全新工业生态体系**

尽管很多制造业企业转型推进过程中仍然存在困难，包括需求的不确定性、投资收益的不确定性、专业能力的储备不足等，但坚定推进数字化转型是众多企业的必然选择。

## 二、制造业财务数字化转型任重道远

从企业数字化转型推进的方法和先行者的经验实践来看，一般企业数字化转型包含管理数字化、产业数字化、数字产业化三个层面。其中，管理数字化聚焦于实现企业内部经营管理的数字化，产业数字化聚焦于实现企业生产业务及相关领域的数字化，而数字产业化是在企业实现管理数字化、产业数字化的基础上，充分利用自身在行业内的优势，利用数字技术对外赋能，三者相辅相成。从传统制造业企业推进数字化转型的进程来看，大多数企业将更多的精力投入在产业数字化转型层面，如智能化设备改造、产线升级、供应链协同等。

但制造业企业智能制造能力的需求也进一步提高了对制造业企业财务能力的要求。从制造业角度出发，传统的财务职能很多仍停留在核算层面上，以成本控制、自动化核算为主，但随着制造业企业整体数字化转型的需要增多，财务面临的挑战也在逐渐加大。

（1）智能制造带来的海量数据，使得财务面对的数据源越来越多，海量数据如何处理？

（2）制造业的核心仍然是成本控制，精细化管理要求成本管控的颗粒度和实时性出现质变，远超出传统财务核算的要求，如何解决？

（3）大规模定制、个性化定制等模式的变化，使得财务的实时性要求甚至事前控制进一步提高，它如何与业务紧密融合？

（4）产业链的协同和模式转型，使得财务不仅面对内部客户，甚至是直接面对生态伙伴，一方面，如何提高财务服务质量，另一方面，如何做好全成本视角的管理？

……

这些挑战使得财务职能必须要逐渐转变至财务管理层面。站在企业整体的视角考虑数字化转型，不仅需要进一步处理、优化海量数据，同时，还要考虑如何适配智能制造，把财务端的数字驱动能力发挥出来，进一步实现极限降本，起到降本增效的作用。同时，在数字化转型过程中衍生出来的新制造的形态、大规模的定制、制造的服务化、工业互联网平台的产业链协同等,都需要财务数字化能力有强大的技术支撑和快速响应,这也是当前制造业企业对财务的重要需求。

2021年,上海国家会计学院发布的"影响中国会计从业人员的十大信息技术",如财务云、RPA、数据挖掘、电子发票等,这些新技术场景均与制造业企业财务相关需求有着紧密的联系。在实际应用中,我们发现,许多先进制造业,包括"国之重器"①,在加速智能制造建设的过程中在提速企业财务数字化转型,同时也在向管理数字化方向拓展,以打造制造业企业的运营管理能力和韧性。

## 三、制造业财务数字化转型重心

财务数字化转型的本质是利用数字技术创造价值。制造业企业财务组织的角色定位随着数字技术的演进,也在不断地发展变化,从会计电算化时代传统的合规性管理,信息化时代的管控服务,到数字化时代赋能和创新,财务发挥的作用越来越明显(图2)。

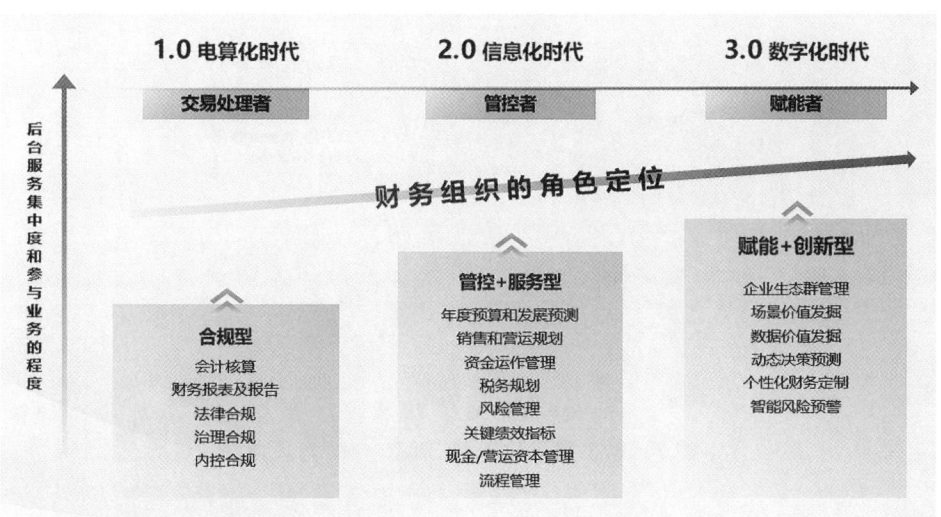

图2 数字化时代,财务角色从"管控＋服务"转向"赋能＋创新"

---

① 制造业的说法,指航空航天等一些制造业企业。

在数字化时代,制造业企业财务数字化转型虽然未能改变财务的核算与监督、管理会计、价值创造与价值评估等职能,但数字技术为财务工作开创了全新的局面。结合对财务数字化转型的研究及实践分析,浪潮认为在推进制造业企业财务数字化转型过程中出现了"四新一体"的新风向(图3),即新核算、新管理会计、新生态、新平台。

(1)新核算:合规性管理从传统的事后核算转向实时自动核算,满足海量数据的处理,并且由业务自动触发财务规则形成自动计量、自动记录、自动监控、自动预警、自动报送和自动稽核,关注异常处理。

(2)新管理会计:主动赋能业务、场景化财务、基于大数据的预测性分析和实时决策、个性化的财务信息实时推送,财务能力将真正成为各个业务岗位的泛化能力。

(3)新生态:财务从制造业企业内部延伸到外部,生态圈内的制造业企业、监管部门及第三方伙伴等被打通,这对生态体系财务健康状况和竞争力的计量、分析和评价日益重要。

(4)新平台:数字化平台使财务工作内容和工作方式向自动化、智能化、可视化、人机协同转变,财务不再是相对独立的后台职能,而是业财一体化的有机组成部分。

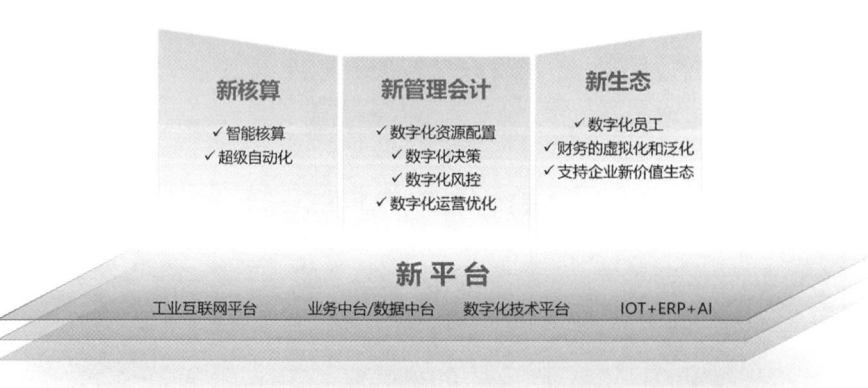

**图3 财务数字化转型"四新一体"新风向**

在新数字化平台的支撑下,制造业企业可以考虑从"四新一体"数字化转型的视角出发,逐步推进财务数字化转型,以更好地进行资源配置、决策、风控和运营优化。

## （一）新核算：从操作级 RPA 转向规则及异常管理

对标制造业企业内原来财务职能本身的定位，解决核算问题首当其冲。传统的制造业企业，生产自动化的程度相对较高，财务的核算业务也基本上能够做到业财一体化，自动核算化率也相对较高，那么新核算新在哪？智能制造领域智能化的快速推进，使得财务端原来数据获取颗粒度和及时性得到大幅提高，从而对财务响应数据的及时性和财务核算精细化的程度提出了更高要求。数字技术在核算领域的深度应用，促使核算工作日趋一体化、自动化、实时化，从而导致核算人员的工作方式、工作内容和能力需求发生实质性改变。目前部分制造业企业已可以做到95%以上的核算由业务场景触发，并自动完成记账、报表出具、纳税申报等传统核算操作，核算人员的工作重心向赋能业务和客户转移。

1）智能核算——自动化、智能化趋势下的新要求

人工智能、超级自动化、人机协同共同为财务提供更好的服务体验创造条件。财务管理流程的各个环节如发票、报账、付款、凭证、报表、关账、报税等都可以体现财务的智能化。不同的财务场景机器人，借助各场景的智能化，建立全新工作模式——人机协同，如基于数字技术的智能核算应用，包括智能报账、智能审核、智能对账、智能报表、智能税务等。

2）核算规则管理、异常管理和客户服务——新核算工作重心

在核算交易及账务处理全面自动化的背景下，财务人员的工作内容将逐渐转向核算规则管理、异常处理和客户服务：首先，不断识别、归纳、优化核算规则，将其嵌入系统，使业务发生即时、自动根据规则进行核算；其次，借力系统中的数字化工具，监测、控制和干预特殊核算业务，包括异常业务、新业务类型和系统故障等引发的核算业务；最后，链接供应链上下游，面向内外部客户包括制造业企业管理者、员工、客户、供应商、合作伙伴等提供财务服务。

**案例 1**

**某水泥企业：利用财务机器人与 IoT 衔接，降低成本分摊率**

某水泥企业（以下简称集团）在新核算层面做了成功的尝试。作为全国12 大重点支持水泥企业，集团所处行业是典型流程制造业企业，其生产工

艺、生产自动化的程度非常高。投入产出属于大出大进模式,计量业务是整个生产经营过程的关键,在生产过程中,要求财务进一步优化成本控制。过去集团财务成本的归集和核算更多基于车间级财务人员的手工录入或者通过系统做比较大颗粒度的数据采集,成本管控的准确性和细化程度比较有限,更多的还是依赖财务人员进行成本管控。但随着生产线智能化升级,包括 MES、DCS 等系统的升级,财务数据可以对于大进大出的原燃材料进行直接的成本归集和抓取,使得最明细级数据可以直接实现业财一体化,包括过程中对物料标准化进行清洗,物料明细总条目 15 万条左右,这样巨大的数据量对自动化程度要求更高。财务通过充分利用财务机器人与 IoT 衔接,一方面,财务对海量的原始数据,实现实时抓取,使数据准确性得到提高;另一方面,进一步降低成本的分摊率,实现产品级归集,甚至进行车间和工序级核算转型,也解放出财务人员的工作量,至少满足在原财务人员不变的情况下,管理精细度和异常风险监控的效益更高。

### (二)新管理会计:面向不确定性的决策支持

数字技术重塑"新管理会计",再造对不确定性的管理能力。传统制造业企业一直在应用管理会计工具,对成本、预算等工具使用相对成熟。但到了数字化时代,认识世界的方法论从积累性的确定思维逐步转向为探索性的非理性思维,通过信息的大数据共享识别不确定性的探索中蕴含的机会,因此,制造业企业可以有更大的空间去利用社会化资源整合,把机会最大程度地转化为利润。因此,传统管理会计是对确定性的管理,它基于财务视角的管理理论和工具,目的是支撑工业时代大机器生产和控制型管理模式。通过数据的自动化流动化解复杂系统的不确定性,资源配置从局部优化、静态优化转变为全局优化和动态优化,以精准应对各种不确定性,这是新管理会计的核心思路。制造业企业面对不确定性环境更需要新管理会计的支撑。

1)多种新管理会计工具叠加,不同企业结合自身特点按需适配

制造业所使用的管理会计工具越来越复杂,甚至叠加多种新管理会计工具,如全面预算,已不仅是最初的指标逐层分解落地,而是演变成基于数据驱动的业财融合自动化预算体系,预算管理和内部市场单元息息相关,要满足市场单元对创新、灵活的预算管理要求;成本管理升级成基于

生产驱动的自动化成本管理体系；决策支持演变为大数据驱动的实时决策支持体系。不同制造业企业应根据当前管理的成熟度和数字化基础，在不同阶段选择合适的新管理会计工具开展业务赋能。

2）"两中心一成本"仍然是制造业企业应对不确定性的关注焦点

疫情对制造业企业影响巨大，业务基本处于停顿状态，但费用支出却照常发生，现金流安全成为制造业企业的致命问题。在此背景下，制造业企业普遍采取的措施主要围绕"两中心一成本"开展：一是以员工为中心，启动远程协同办公模式；二是以客户为中心，开展数字化营销，把疫情的影响降至最低；三是把成本降到最低，主抓成本管理。不论是衍生出来的新生态、新商业模式，还是聚焦于传统制造行业的核心竞争力，成本优化、成本管控将始终是应对不确定性时需要关注的焦点。而传统的成本管理也随着企业价值的转型逐层深化。

（1）夯实成本核算基础：以成本核算为基础，在制造业企业会计准则要求的基础上优化会计科目、进行成本对标分析、提炼标准成本、优化组织架构和人员配置，注重合规准确。

（2）成本精细化管理：加强成本费用的精细化管理，注重管理工具，建立实现作业成本管理机制、搭建成本分摊模型、将成本管控目标与 KPI 体系相结合，优化业务流程与信息系统。

（3）拓展战略成本管理：在成本管控的基础上实现价值创造，通过实时多维成本大数据分析、成本规划和内部市场化，推行作业预算管理，场景化成本模拟并对业务组合进行基于大数据的智能分析与评估，推动数字化转型。

在成本管理的过程中，成本的边界和场景化的成本的模拟是制造业企业决胜的关键因素。

 **案例 2**

**某拉链制造企业：基于实时数据处理，满足 C2M 大规模个性化定制**

某集团是拉链制造商，处于行业全球领先水平。拉链生产企业的典型特点是基于订单生产、大规模个性化定制，拉链质量优劣直接决定产品的成功率。该集团因长期供货给世界知名企业，工艺、款式、配色相对比较复杂,在这种情况下,该集团早期已通过物联网实现排产、生产、制造、交付、配装等流程的智能化,但这仅能解决接下销售订单后正常安排生产的问题,而关于每个订单到底应不应该接、会不会盈利的具体判断性问题,以当前的智能化程度不能够进行识别。每次接到订单,该集团集中一百多名员工,专门计算订单成本,判断订单是否能够合作,再传递给销售端做对应的市场营销策略,这种方式使得设备的空转率较高、人力成本投入大,使单价利润微薄,而靠生产数量产生利润的订单,周期长、成本高、收益少。因此,该集团重新定义其成本管理模式,从全成本视角进行综合考虑,利用财务数字化升级,把从销售端到生产端的排产测算,以及实时成本的管理一体化起来,快速实时预测单日接单量,并通过对成本、利润等因素的预测,判断是否接单,通过此举快速响应、预测,大大提升了设备的利用率。这种基于实时数据协同化的处理,即可满足C2M大规模的个性化定制,也是新管理会计在整个战略成本层面的典型应用。

### (三)新生态:催生制造业财务"新生态"

制造业企业的财务发展应主动适应企业转向"平台＋生态化"的管理模式,这是未来发展的方向,尤其是推进工业互联网平台的链主企业,其对财务"新生态"的诉求更加强烈。

1)财务服务范围的虚拟化、泛化

制造业企业通过数字技术实现财务管理载体(组织、场所、人员等)的虚拟化,从而提供泛化的财务服务,围绕业务场景提供及时服务。

一方面,数字技术加速财务物理世界向数字孪生进化,通过搭建数字化财务云平台,实现财务服务场景由实体化向虚拟化演变,财务人员也需要具备相关的技术知识和数字化能力;另一方面,各个业务岗位的泛化能力将会是财务能力,人人理解决策、人人了解经营。人人将会配备虚拟财务助理,这样可赋能业务人员,以及管理人员可直接对业务数据的价值进行分析,再做出合适决策,让财务和业务深度融合,使得业财边界越来越模糊,推动财务服务范围的虚拟化、泛化。

2)财务组织出现数字化员工与人机共生

制造业企业为更好地适应不确定性,财务人员的工作转型为事前预测和实时决策支持,而非事后生成报告,模型化、实时性等要求对机器人团队更加适配。

超级自动化将催生基于人机协同的超级团队和虚拟员工,将以人为中心的工作方式和业务流程,转变为以"机器＋人"为中心,实现多重人机交互协同、社交化办公等新型工作方式,引发工作方式新革命。数字化员工和人机共生的现象越来越普遍,财务人员的岗位将转变为财务数字化平台的搭建者及维护者、价值经营模型的设计者、数据价值的挖掘者。

3) 财务赋能生态共赢

生态财务从"我赢"转向"共赢",例如,不能像过去那样极限压低采购成本、极限延长付款周期,必须要从生态健康的角度设计融资策略和财务政策,形成"命运共同体"。财务人员不仅要关注本企业内部,还要在一个生态圈内打通制造业企业价值链,评估、跟踪生态体系的财务竞争力和健康状况。财务将在协作与外包财务管理、生态圈资金流转与筹划、价值网分析、生态圈财务公共服务与赋能、生态效能、生态风险、税务筹划等方面承担更多的工作。

 案例3

**某设备制造商：业财资税档表全程电子化,向数字孪生转型**

作为汽车类先进制造业产业的一个环节,某设备制造商集团(以下简称集团)在快速发展跨领域、跨行业、国际化经营的同时,这种发展也给集团的精益化管理和风险管控带来了巨大挑战。一方面,要满足财务服务外围的所有产业相关生态,集团要有足够的支撑能力和快速的响应能力;另一方面,又要应对内部股权多元化、产业链条一体化、跨地域经营。因此,如何降低运营费用、控制成本,是集团迫切要解决的问题。

集团选择借力财务共享,以"柔性共享、精细管控"为核心,率先开展财务数字化转型。集团利用财务共享平台,深入贯彻执行集团统一标准,提升财务数据质量;集团运用财务共享平台,重构原有的财务系统,通过集成多个业务系统,实现从商机到收款、从寻源到付款、从出差申请到报销的全流程管理,实现业财高度融合;集团通过商旅平台与共享平台连接,实现公司差旅100%事前申请、酒店即住即走；集团员工差旅费用依据项目自动分摊、账款自动比对，让财务管理流程不落地，全部模拟成系统场景，在面向员工、供应商时带来更高的用户体验。

 **案例4** ......................................................................................................

### 某服务器制造商：供应链协同落地，电子发票端到端

作为典型的制造业企业，某集团（以下简称集团）首创JDM研发模式，开启了服务器大规模定制。由于长期供货于对服务器要求极高的BAT等互联网公司，集团实行与客户协同设计再交付的个性化大规模定制服务。

通过搭建工业互联网平台，集团需要直接面向供应链上下游提供财务服务，因此，集团把供应链协同从需求计划到招标、合同生成、到货入库等节点，与财务进行完整衔接，以实现流程不落地。同时，为解放业务人员，集团利用电子发票、区块链等新技术，使财务组织直接面向供应商进行对账、收票等业务，进一步提升了财务响应速度。这种生态式的协同合作方式，使得集团智慧工厂被列入了国家智能工厂示范项目，可更好地维护集团生态伙伴。另外，集团的案例也作为优秀案例入选了2021年国务院国资委数字化转型百强案例。

## （四）新平台：基于中台架构，夯实财务数字化转型基础

不论是新核算、新管理会计还是新生态，都涉及很多数字化场景。尤其在制造业企业中包括供应链、营销、生产协同等在内的数字化的场景也数不胜数。这些数字化场景的诞生，推动了财务角色的转变。

数字化时代，财务组织将充当"创新者＋赋能"的角色。深入的业财一体化支撑财务发挥此角色的职能。在财务角色转变的过程中，数字化平台能力，包括基于中台架构的数据中台、业务中台、技术平台都是重要因素，是制造业企业财务数字化转型的地基。

1）新一代数字化平台，承载财务数字化转型

作为企业运营的重要环节，制造业企业财务数字化转型也需要借助ERP的支撑，尤其是对新一代云ERP的诉求，要求在产业层面实现协同，

由数据驱动,利用中台重构业务逻辑,在提供标准化能力的同时,又能支撑制造业企业基于标准化能力去构建新的应用,并且能够在技术、应用、场景方面可进化和可迭代,与制造业企业产业数字化形成紧密的融合。

2)共享中心重构业务架构,加速数字化平台落地

制造业企业数字化转型的重要路径是数字化平台建设。不管是整合、升级已建平台还是建设新平台,对制造业企业来说都是一项系统工程。在推进的过程中,多数制造业企业会选择通过财务共享建设加快财务数字化转型的速度。

制造业企业选择财务共享建设,不是为了共享而共享,而是强调一体化及标准化。它借助财务共享,通过更大程度地复用资源,发挥业财一体化的桥梁作用。制造业企业对数字化平台的依赖性越强,财务数字化转型基础也就越发牢固。

实际上,财务共享中心的定位早已不是原本的纯服务中心,未来的大共享中心才能满足制造业企业的需求,承担制造业企业"数据中心 + 运营中心"的核心职能,同时,支撑制造业企业整体的数字化转型。

 **案例5** ·····················································

### 某装备制造集团:打造财务云,重塑数字化核心竞争力

某装备制造集团(以下简称集团),作为全球最大行业设备供应商和工程总承包商之一,立足于打造世界一流企业,多年投入重型装备制造的数字化建设,并已取得有效改善。作为传统的制造强企,虽然它一直在推行智能制造的转型,但它的管控力度仍然比较薄弱,内部管理标准化程度低,下属公司管理个性化差异大。这导致集团统筹不够、效率较低、响应速度较慢,对集团整体转型效果产生一定的影响。因此,在推进策略上,集团更强调对于企业数字化能力的建设,希望把这种能力作为竞争力转化成企业软实力。在推进财务数字化转型时,集团建设策略要求从开始就搭数字化平台,将架构换代升级,优化数据治理结构,包括一套标准的数字化治理体系,同时培养数字化的技术团队,以财务云作为切入点,打造集团财务共享中心,打好转型基础,把标准、规范、管控依据夯实在共享平台之上。在此基础之

上,转型逐步向管理会计层面深化,如往投资、资产、成本管控等方面进行深化,最终目标是建设配套的数据中台,打造数字化运营的平台,真正重塑数字化的核心竞争力。

## 四、三步走,有序推进制造业财务数字化转型

考虑到制造业企业财务组织和财务管理能力的实际情况,我们也在不断地思考和总结,与整个企业数字化转型推进相同,它们都不是一蹴而就的工作,也需要统筹规划,不断摸索前进,评估调整,找到最适合企业自身的转型方式。那对于制造业企业来讲,财务数字化转型到底应该如何推进? 如前文提到各类转型案例,不同企业财务数字化成熟度不同,因此,需要从实际出发,从顶层规划设计不同的数字化转型路径。

### (一)制造业企业财务数字化转型三个阶段

结合大量的制造业企业财务数字化转型经验,制造业企业财务数字化转型可分为如下三个阶段(图4)。

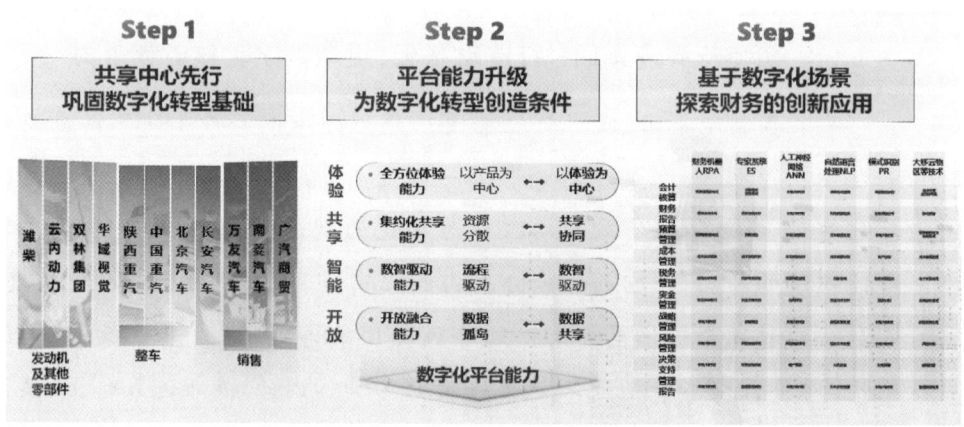

图 4　制造业财务数字化转型路径

1.第一阶段:共享中心先行,巩固数字化转型基础

财务共享通常普遍应用于服务业、金融业、建筑业等行业,在制造行业中应用的越来越多。共享中心以数据标准化为基础,以拉通业财一体化

为建设要求,以"运营中心＋数据中心"为建设目标,它对装备制造业企业财务共享建设更多强调的是要建设高效的智能运营中心,对流程制造业企业则强调的是提升产业协同能力。

以汽车制造业为例,从发动机及其他零部件的制造,到整车的组合装备,最后到汽车销售全过程,无论哪个环节,各类企业通过财务共享建设,建立起数据标准化,面向全产业链提高运营效率、降低运营成本,同时,促进业财融合、加强产业链中的管控、实现业财一体化,基于数据沉淀,为构建财务大数据奠定基础。

2. 第二阶段:平台能力升级,为数字化转型创造条件

在制造业企业财务数字化转型进入深化阶段时,无论是对核算、管理会计还是生态能力的深入,都可能会遇到受企业整体数字化平台能力和数据治理能力受到制约的问题。因此,制造业企业应进一步加速数字化平台建设,聚焦于体验、共享、智能、开放,全面提升四个能力,为财务全面数字化转型创造条件。

1)全方位体验能力

全新客户体验,推动业务模式转型升级:以客户为中心,协调整合各种客户接触点和接触渠道,无缝为客户传递目标信息,实现良性互动;重塑生态体验,围绕链主企业发挥供应链协同效应:基于公有云搭建公共服务平台,打破行业边界,提供同网、同价、同质的采购云服务;改善物联体验,加速制造模式演进:智造云融合物联网、区块链、5G等技术,为企业提供实时的物联体验。

2)集约共享能力

端到端全业务共享化运营,驱动管控创新:建立共享标准业务组件,如共享基础技术、全球业务事项中心、业务流程平台、共享服务平台和共享运营平台等;从物理集中向数字孪生的云共享进化:通过共享平台实现线上业务全过程,业务单据零接触,线上过程零见面。

3)数智驱动能力

数据＋场景＋AI企业数智驱动力:通过模型与算法的结合,实现实时洞察、科学预测、理性决策。

数据智能提升业务随需应变力:建立预测模型,协同其他系统和组织

调整相应作业和应急计划,达到智能、敏捷、高效的作业场景,并且通过预测结果调整运营策略,逐步达到随需应变、智能决策的生态运营环境。

流程智能成就卓越运营:在业务流程处理过程中,以大量的数据及最佳实践为基础,给予辅助理性决策、实时洞察和科学预测。

4)开放融合能力

集成与被集成,既有数据资产再利用:利用集成开放平台,将身份、流程、数据、微服务等技术,实现数据层、服务层和应用层的集成,达到既有数据资产的再利用。

开放云应用市场,全面提升敏捷响应:向生态伙伴封装和沉淀可以开箱即用的行业应用、业务模型、分析模型等。

数据资源开放服务:面向生态提供合规的大数据创新应用,从提供数据供应到数据服务再到数据应用,打造一站式数据服务。

3. 第三阶段:基于数字化场景,探索财务的创新应用

财务数字化转型的第三阶段,围绕以人工智能为核心的大数据深化应用,强调大数据基础之上的智能决策,强调"企业大脑"与"人的大脑"协同。这时更要多结合不同企业的业务模式及特点,聚焦不同的制造行业细分领域,如流程制造、离散制造、装备制造、大规模个性化定制、制造服务化等,以点带面选择合适的场景,以"技术+管理+生态"的融合创新思路,探索财务数字化转型的更多可能。

## (二)全面保障制造业财务数字化转型

财务数字化转型这项大工程必然会要求多方力量的持续投入,尤其是对于传统制造业,其财务数字化转型势必还要采取各项积极措施,确保财务数字化转型的顺利推进。

1)建立数字化思维

财务人员需要在本职工作中不断创新,运用业财技融合思路,站在全局、系统的视角上,推动财务数字化顺利转型。

2)优化能力结构

财务人员要不断加强学习,优化知识结构,一方面可以向财务专业领域深化,另一方面可以贴近业务场景,补充业务能力,在成本优化、市场预测等方面发挥价值。

3）持续技术融合

制造业企业需要站在全局视角，不局限于财务本身的技术能力，对业财融合现状、技术能力水平给出合理评估，并与财务数字化转型路径协同开展、相互促进。

4）"一把手"通力推进

财务数字化转型不仅需要企业高层，尤其是一把手的全力支持，而且还要得到来自各部门的通力合作，打破各方面的壁垒；同时，要引入外部生态合作，获得生态伙伴强有力支持。

5）顶层规划引领

将财务数字化转型作为制造业企业数字化转型的重要内容，纳入企业的战略高度，并结合企业成熟度进行评估，制定切实可行的推进路径，选择适合场景加强投入，做好长效建设准备，对阶段性成果进行效益评估，并适时进行优化及修正，确保全局利益最大化。

随着新核算更加智能化，新管理会计更加数字化，新生态更加和谐化，新平台更加云端化，未来信息技术将驱动制造业企业把财务打造成真正意义上的智慧中心，加速整个制造业企业的转型升级，加速数字化转型进程，使国家的"制造强国"战略能够真正的落地生根。

## 二

# 十大信息技术中的数据中台和事项中台在航空业的应用

曹正凤，用友集团

　　我们正处于一个变革的时代，新技术是变革的主要动力。在会计理论的发展过程中，新技术带来了四次里程碑式的变革。第一次是蒸汽机技术带来了生产车间的管理；第二次是电气化技术推动了标准成本法的出现；第三次是信息化技术推动了作业成本法的出现；第四次是大数据、人工智能、物联网、云计算等新技术推动了智能财务的出现。

　　以人工智能、云计算、大数据、物联网、数据挖掘等技术为代表的新技术为会计行业的发展提供了新思路、新方法，与此同时，它也带来了新机遇、新挑战。信息技术与财务管理的融合已经成为不可逆转的行业趋势。目前已经产生了基于大数据和云计算的财务云、基于区块链与数据挖掘技术的在线审计、基于数据识别及语音识别的智能识票等应用。财务工作者们要抓住机遇，迎接挑战，以更好地适应智能财务时代。

## 一、新技术发展概述与对会计行业的影响

　　新技术的飞速发展催生出对会计行业从业者产生重大变革影响的"十大信息技术"。根据最新出炉的榜单，"2021年影响中国会计从业人员的十大信息技术"包括：财务云、电子发票、会计大数据分析与处理技术、电子会计档案、机器人流程自动化（RPA）、新一代ERP、移动支付、数据中台、数据挖掘、智能流程自动化（IPA）。"十大信息技术"本质上还

是以人工智能、云计算、大数据、物联网、数据挖掘等技术为内核。下面本节将介绍具有代表性的新技术概念、发展历程以及其对会计行业的影响。

## （一）人工智能技术

人工智能（Artificial Intelligence，AI）是研究、开发用于模拟、延伸和扩展人的智能的理论、方法、技术及应用系统的一门新的技术科学。人工智能可以对人的意识、思维的信息过程进行模拟，辅助人类完成很多程序化、重复性或危险系数较高的工作。

1956年，在美国新罕布什尔州的达特茅斯学院一场小型会议上，约翰·麦卡锡、赫伯特·西蒙、克劳德·香农等学者共同研究、探讨如何"用机器模拟人的智能"，首次提出"人工智能"这一概念，该年被称为"人工智能元年"。此后的几十年，人工智能技术几经沉浮，研究方法方面不断创新，取得了长足发展。人工智能的发展包括计算智能、感知智能和认知智能三个层次。第一个层次是计算智能，主要是指涉及快速计算和记忆存储能力的计算行为，包括机器学习、机器人流程自动化等。第二个层次是感知智能，是指通过人脸识别、语音识别等技术，让机器对周围环境信息捕捉、分析、处理，并给出合乎理性的应答与反应。第三个层次是认知智能，是指机器具备独立思考和解决问题的能力。人工智能在计算智能层次的算力已经远超传统手工计算，但直到深度学习的出现，图像、语音等感知智能才取得了真正意义上的突破，自此，人工智能的发展进入了一个新阶段，标志性事件是2016年3月15日AlphaGo机器人以4∶1击败围棋九段李世石。这次胜利让人工智能技术受到大众的空前关注，人工智能技术在各个行业开始广泛应用。目前人工智能技术主要停留在上述第一、第二个层次，认知智能层次还很难实现。

在财务管理领域，人工智能技术大大提高了会计信息质量和工作效率，提升了财务信息的质量，优化了财务信息的呈现方式，可帮助企业做出更加科学、有效的决策。人工智能技术对会计行业的影响贯穿了整个财务信息处理流程。

（1）在信息输入端，借助人工智能的光学字符识别技术（OCR）技术可以将发票、报销单等图像数据转换为结构化数据，自动录入计算机处理，大幅降低了人工操作比例。此外，人工智能技术还可以识别如合同、文件、音频、视频等非结构化原始凭证数据，实现非结构化数据向结构化数据的转化，将相关文件信息自动录入会计信息系统。

（2）在信息处理端，借助人工智能算法及深度学习的文本识别及理解技术，可以自动实现会计核算。财务机器人可以根据输入的票据类型自动对票据分类，识别票据内容，判断业务场景。同时，财务机器人还可以根据票据内容及既定核算规则，自动设置摘要，匹配会计科目，实现自动核算。

（3）在信息输出端，人工智能技术可以优化财务报告的输出频率、内容及形式。计算机不再受限于会计从业人员工作时间、任务强度等因素，可以 24 小时实时提供多维、可视化的财务报告。此外，还可以根据会计信息使用者的使用需求，形成个性化的财务报告，提高决策的支持有效性，提升用户体验。

（4）在财务流程交付方面，引入机器人流程自动化（RPA）技术实现流程自动集成，财务机器人针对财务的业务内容和流程特点，替代手工操作。财务机器人可以辅助财务人员完成大量单一、重复、烦琐的基础业务，从而优化财务流程，减少企业人力、物力、财力的投入。

## （二）云计算技术

云计算并不是指某种具体的计算，而是一种全新、高效、实用的数据传输与储存处理模式。"云"实质上就是一个网络。狭义上的云计算是一种提供资源的网络，使用者可以随时按需求量使用"云"上的资源，按使用量付费；广义上的云计算是与信息技术、软件、互联网相关的一种服务，这种计算资源共享池叫作"云"。云计算把许多计算资源集合起来，通过软件实现自动化管理，只需要很少的人力，就可以实现资源的快速提供。

继 2006 年亚马逊首次推出云计算服务以来，云计算技术经历着一个逐渐成熟的过程。云计算可以主要归纳为以下几个特点：

（1）经济性：云计算在部署、分配底层计算资源时采用负载均衡技术，减少了信息系统的支出。

（2）高可靠性与安全性：云计算为数据创建多个副本，采用异地存储备份，防止数据丢失。同时，计算节点可以互换，计算过程集中在数据中心完成，确保了信息安全。

（3）可伸缩性：云计算是按需付费模型，可根据用户的需要和负载情况的灵活调整资源分配，节约了大量资源。

（4）云计算与会计行业的结合堪称"天作之合"。目前市场上已经有了具有庞大的信息存储能力的记账云、高效快捷的数据处理能力的算账云、便捷的信息交互能力的报账云等诸多成功案例。

（5）记账云：云计算存储技术能够实现海量的信息存储，并极少占用企业的存储空间。企业可以将各种账务凭证、报告单等资料及时、完整、准确地存储到记账云上，为企业的记账工作提供了极大的便利。

（6）算账云：在云计算系统的支持下，数据的计算分析能力、系统的运行效率都得到了极大改善。同时，云计算技术的可伸缩性完美地符合企业核算对可扩展性的需求。企业成本费用、收入、利润等项目的计算，企业报表数据的生成与分析都可以在算账云中自动、快速、高效地实现，显著提高了企业的算账能力。

（7）报账云：随着云计算的普及与使用，各种信息都集中存储在云中。因此，云形成了庞大的信息市场。通过云计算供应商提供的信息服务，企业可以轻松获取大量企业之外的信息，使企业的信息系统不再是一个信息孤岛，有助于加强企业的会计控制。

## （三）大数据技术

数据（Data）一词在拉丁文里是"已知、事实"的意思。大数据发展的核心动力来源于人类对测量、记录和分析世界的渴望。2009年，大数据（Big Data）这个概念逐渐开始在社会上传播。2012年，美国奥巴马政府高调宣布了其"大数据研究和开发计划"，标志着大数据时代真正开始进入社会经济生活。大数据指所涉及的数据量规模大到无法利用现行主流软件工具在一定的时间内实现收集、分析、处理或转化成为帮助决策者决策的可用信息。大数据具有4V的特点：

（1）Volume：数据体量巨大，数据量从TB级别跃升到PB级别。

（2）Velocity：处理速度快，数据增长速度快，时效性要求高。

（3）Variety：数据种类多，包括结构化、半结构化和非结构化数据，具体有图片、视频、日志等多种形式。

（4）Value：价值密度低，商业价值高。单一数据的价值并不大，但将相关数据聚集在一起则具有很高的商业价值。

随着大数据时代的到来，会计从业人员可以从烦琐的手工筛选、分析工作中抽离出来，提高了工作效率。站在企业发展的角度，大数据技术可以帮助企业提高预测能力，实现企业利益最大化。企业可以充分利用大数据 4V 的特点，从海量数据中获取有用信息，及时调整企业的经营策略，抓住商机，如通过大数据用户画像分析，针对特定的受众推送针对性广告信息等。利用大数据技术分析、挖掘企业产品、服务等数据，企业还可以制订严密的物资采购、产品生产、销售等精细化规划与预算策略，促进企业资产的合理配置。此外，大数据使得企业间信息共享程度大幅提高，许多公司已经建立了信息共享平台，大量的数据信息公开和透明，使得企业间及企业内部的沟通协作更加方便。

大数据在带来诸多便利的同时，也为会计行业的发展提出了新难题。首先，会计的基本理论相对于发展迅猛的大数据技术而言，更新缓慢，应用难以达到理想状态。这极大制约了货币稳定性的改善，会导致经济活动面临更大的风险。其次，大数据虽然带来海量的数据，但是伴随而来还有信息爆炸和信息安全的问题。随着计算机技术的发展和互联网技术的日益普及，信息安全受到了严峻的考验。大数据的信息安全难以保障，信息保密的难度加大了。最后，大数据信息的真伪较难判断，仍需继续探索如何从海量数据中提取有价值的信息，以避免虚假信息影响财务分析的准确性。

## （四）物联网技术

物联网狭义上是指"物-物相连的互联网"。而在当今万物互联时代，IoT 的概念早已突破物-物相连，人-物、物-物、人-识别设备-物之间的连接方式统称为万物互联。在技术层面，物联网架构可以分为感知层、传输层及应用服务层。感知层是物联网中产生数据的主要层次，主要由各种感应器等探测设备组成，负责测量收集相关数据信息；传输层负责对感知层产生的数据和内容进行可靠传递；应用服务层负责对感知层的基础信息数据进行智能处理和分析。2006 年，韩国政府推出了"U-Korea"战略，以无线传感器网络为基础,把韩国的所有资源数字化、网络化、可视化、智能化,以此促进韩国经济发展;2008年,美国IBM公司提出了"智慧地球"的概念,建议加大在网络基础设施方面的投入,从而增加就业岗位,提升美国的整体竞争优势;在我国,2009年中国国务院总理温家宝在中科院研发中心考察时提出了要建立中国传感信息中心,并在之后的重要讲话中提到将物联网定义为中国第五大新兴战略性产业。

物联网技术在会计行业有很大的"施展空间",这带来了会计核算、会计监督等工作重心的变化,推动了财务人员和财务组织的整体转型。

(1)会计核算工作的全面机器化、智能化。"区块链+智能物联网"技术实现了不依赖人的全面智能化会计核算。原始交易只需在最开始的交易时点由交易各方进行区块记录,后续的工作由计算机程序自动处理并最终生成有价值的财务信息。

(2)会计监督工作的弱化与淡化。当前的会计监督主要是事后监督,强调对会计记录的内审和外审,以确保会计记录真实可信。会计监督需要耗费大量的人力、物力及财力。通过物联网技术,事后监督可以变为实时监督,可节约大量的审计费用和各项交易成本。

(3)财务人员的整体转型。在"区块链+智能物联网"技术应用环境下,当前的基础财务人员将面临失业和转型风险,而高级财务管理者则会"供不应求"。会计行业不仅需要财务人员精通财务专业和财务管理领域,还需要其充分紧跟新技术的发展,有随时对企业发展进行调整的能力。

(4)财务组织的整体转型。物联网技术使得会计核算与监管工作基本全部实现机器化、智能化,财务管理工作与物联网、区块链条管理工作有机结合,企业财务部门与其他部门以及企业外的银行、税务机关、审计机关等利益相关方共建共享数据。这些改变会促使企业财务部门整个业务流程的再造和重塑,使企业财务部门在整个企业组织中的定位和角色发生重要转变。

## (五)数据挖掘技术

数据挖掘技术(Data Mining,DM)是利用计算机对样本数据进行分析和发掘形成知识的过程,它会自动从大量的数据样本中寻找数据间隐藏的特殊关系。数据挖掘技术是统计学、人工智能技术和数据库技术等理论的结晶,为寻找数据间的隐藏关系提供了技术支持。数据挖掘技术首次出现是在1989年8月在底特律举行的第十一届国际联合人工智能学术会议上。随后每年举办一次关于数据库知识发现的专题讨论,直至1995年在蒙特利尔召开了第一届数据挖掘国际会议。此后,每年召开的有关于数据挖掘的国际会议越来越多,期刊的数量也在不断增加。目前基于数据挖掘的9大主要成熟技术以及在数据化运营中的主要应用为决策树、神经网络、回归、关联规则、聚类、贝叶斯分类、支持向量机、主成分分析、假设检验。

财务管理领域可以通过对金融交易活动的监督来挖掘交易规则;可以通过对客户收入水平、偿还收入比、受教育程度等主导因素的分析,利用数据挖掘技术标注客户信用等级评价,预测客户消费能力,降低企业决策风险。此外,在激烈的市场竞争中,企业为了获取竞争优势,除了依靠产品、价格、广告等手段,基本上都采用了以信用为基础的赊销这一营销手段。赊销的发展,一方面在一定程度上扩大了企业的市场销售份额,也提高了企业的竞争力,另一方面也形成了大量的应收账款。由于客户、市场等因素的存在,应收账款很容易形成坏账和呆账。一旦坏账和呆账过多,就会严重危及企业的发展,甚至会导致破产。因此,企业在积极运用赊销这一营销手段扩大市场份额的同时,可以利用数据挖掘技术加强对应收账款的管理,切实降低应收账款的坏账风险,避免企业陷入扩大赊销和难收货款的两难境地。

## 二、基于新技术的 YonBIP 商业创新平台促进会计行业的发展

上一部分介绍了人工智能、云计算、大数据、物联网、数据挖掘技术等新技术的发展历程以及其对会计行业的影响,读者可以获得对新技术与会计行业关系的初步认知。本节将以基于新技术的 YonBIP 商业创新平台为例,具体介绍新技术推动会计行业的发展的过程。

## （一）新技术推动企业服务走向数智化

商业创新平台（Business Innovation Platform，BIP）的概念是 2020 年由用友王文京先生提出的。BIP 的出现是企业服务进入全新的商业创新时代的必然趋势。新技术推动企业服务产业走向数字智能化时代的过程可以划分为三个阶段，如图 1 所示。

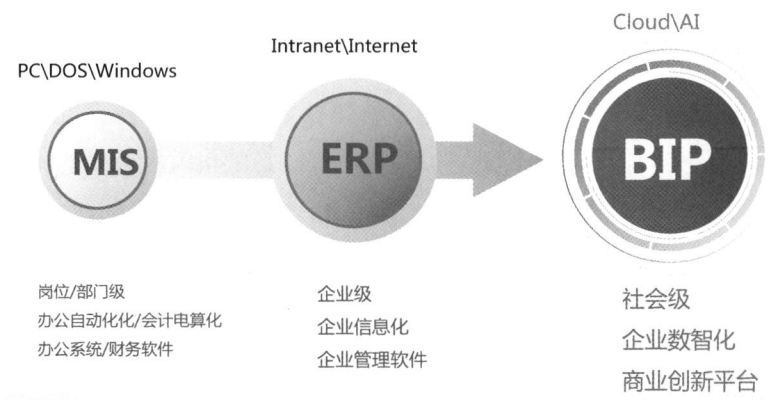

Cloud\AI

Intranet\Internet

PC\DOS\Windows

**MIS**　　**ERP**　　**BIP**

岗位/部门级　　　　企业级　　　　　社会级
办公自动化/会计电算化　企业信息化　　　企业数智化
办公系统/财务软件　　企业管理软件　　商业创新平台

**图 1　新一代 ERP：企业服务产业走到数智化新时代**

第一阶段为财务电算化阶段。1961 年，美国教授 J.D. Gallgeher 首次提出的管理信息系统（Management Information Systems，MIS）。该阶段基于 PC 端的出现和操作系统如 DOS，Windows 的普及，主要提供岗位或部门级的服务，实现办公自动化和会计电算化，提供基本的办公系统或财务软件。

第二阶段为企业信息化阶段。1990 年，美国 Gartner Group 公司提出的企业资源计划（Enterprise Resource Planning，ERP）。该阶段基于计算机网络技术如互联网、企业内部网的发展，提供企业级的服务，实现企业信息化管理。这个阶段的应用是以 ERP 套装软件为集成应用的企业级应用，它加强了信息资源的利用，集成和整合了信息流、价值流、业务流，支持企业管控模式，全面提升企业决策能力。

第三阶段为企业数智化阶段。2015 年以来，移动互联网、云计算、大数据和人工智能等新一代企业计算技术快速发展。云计算从虚拟化、容器化到无服务器架构发展，使得应用部署速度越来越快、IT 基础资源的利用效率越来越高、系统的颗粒度越来越细，企业计算也逐步从 C/S、B/S 软件架构到云原生微服务架构进行变迁。新一代 ERP 即为商业创新平台

（Business Innovation Platform，BIP），从 ERP 到 BIP 将成为行业发展的必然趋势。BIP 由企业级信息化转向社会级企业数智化，企业财务软件走向商业创新平台。

## （二）YonBIP 介绍

用友商业创新平台 YonBIP（以下简称 YonBIP）是用友在数字经济时代面向成长型、大型企业及巨型企业，融合了先进且高可用技术平台和公共与关键商业应用与服务，支撑和运行客户的商业创新（业务创新、管理变革），并且具有数字化、智能化、高弹性、安全可靠、社会化、全球化、平台化、生态化特征的综合型服务平台（图 2）。YonBIP 的核心理念是让商业创新更简单、更便捷，将汇聚千万客户、十万伙伴、亿级社员（社群个人），为客户创造出巨大的经济价值和社会价值。

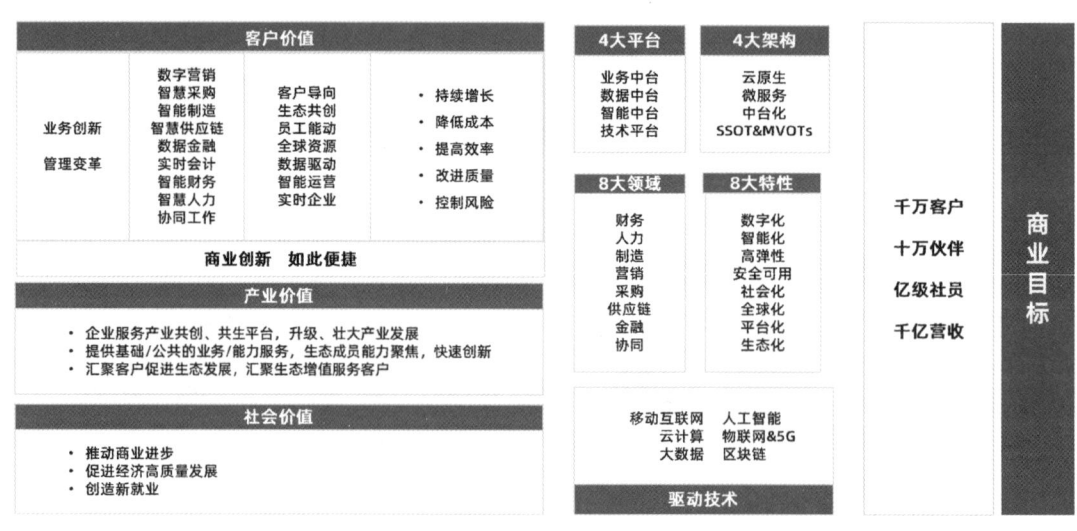

图 2 全球领先的商业创新平台 YonBIP

用友商业创新平台 YonBIP 基于最新的大数据、人工智能、云计算、物联网 &5G、移动互联网、区块链等数智化技术，采用云原生、微服务、中台化、数用分离等全新的技术架构，构建业务中台、数据中台、技术中台、智能中台四大中台，并聚焦金融、财务、人力、协同、营销、采购、制造、供应链八大核心领域，全面支撑企业运营管理与产业价值链协同，赋能企业商业创新，推动社会商业进步（图 3）。

图 3　用友商业创新平台 YonBIP 总体架构

## （三）YonBIP 应用新技术介绍

创新是企业或组织发展的不竭动力。随着移动互联网、云计算、大数据、人工智能、物联网和区块链等新技术的到来,创新不断涌现。为了持续满足客户的需求,YonBIP 把新技术与企业或组织的应用场景结合起来,通过新技术不断驱动企业创新。表 1 列举了 YonBIP 提供的企业服务以及对应的实现技术。

### 表 1　YonBIP 企业服务与新技术

| 企业服务 | 实现 | 使用的新技术 |
| --- | --- | --- |
| 平台服务 | 以技术平台为底座,以业务中台、数据中台、智能中台为核心 | 技术中台是集容器云、DevOps、服务治理、Hubble(链路追踪)、分布式事务一致性、测试与运维工具为一体的综合技术支撑与管理平台。<br>数据中台是以数据移动、数据仓库、大数据和人工智能等数据加工处理技术为基础的平台。<br>智能中台是是 YonBIP 的 AI 企业大脑,基于企业大数据、领域模型、算法等技术,由智能工场开发平台构建业务中台支撑 YonBIP 领域 SaaS 云服务、行业云服务、以及企业服务生态伙伴的云服务创新 |
| 领域服务 | 财务云、人力云、制造云、采购云、营销云、供应链云、协同云、金融云 | 大数据、人工智能、云计算技术 |
| 行业服务 | 主要聚焦政务、教育、汽车、烟草、金融、建筑、餐饮等行业;同时,开展与生态 ISV 合作创新 | 基于云计算、数据挖掘技术 |
| 生态服务 | 低代码开发平台（YonBuilder）、YonBIP 云市场（YonStore）、开发者社区 UDN、友户通、友户会 | 物联网 &5G、区块链 |

下面介绍 YonBIP 的关键驱动技术（图4）。

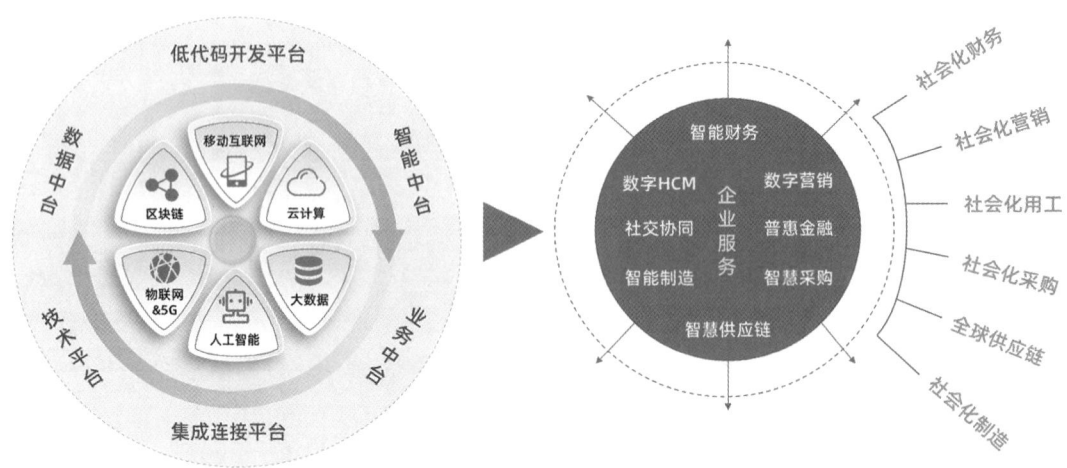

**图4　YonBIP 关键驱动技术**

1. 移动互联网

YonBIP 从设计、开发、测试到运维运营等阶段提供平台级的移动化解决方案，使用跨平台技术开发泛终端应用，通过专业开发环境和低代码平台降低应用开发难度，提供快速接入业务系统的集成能力；通过与云计算、大数据和智能等技术的集成或衔接，实现移动技术的价值最大化，帮助企业构建包含智能交互、富媒体、AR/VR 和持续在线等能力的新型移动应用，让企业在新一代移动互联网时代中实现业务加速创新和变革。

2. 云计算

YonBIP 基于云原生架构，打造集容器云、DevOps、服务治理为一体的综合技术支撑平台，支持多云，实现计算资源虚拟化和弹性伸缩，为开发者提供资源管理、容器服务、持续集成、持续交付、镜像仓库等应用基础服务和监控分析服务；通过资源的统一调度和动态调整，向用户提供按需服务，实现服务的高效低成本供给。

3. 大数据

YonBIP 基于数据中台，以数据湖为核心，具备海量数据处理能力，支持数据的集成加工和管理，赋能企业数据分析与挖掘，支持可视化建模，支持实时分析，承载图数据、时序数据、流式数据、复杂分析、高性能计算等多样性的任务负载，不断向更实时更高效的计算推进，支撑更丰富的大数据处理需求,帮助客户实现基于数据的创新。

### 4. 人工智能

YonBIP依托低门槛、向导式、高效率的智能中台,为企业全价值链、全场景的泛在智能和群体智能应用提供支撑,全面实现海量数据与小样本、人机互助与流程自主的均衡关系,全面贯通机器学习、深度学习、迁移学习、增强学习、联邦学习等AI能力与业务机理、事件联想等机理知识,全面贯通RPA/VPA与AI应用间的协同嵌入,打造持续增效的智能闭环。

### 5. 物联网 &5G

智造始于物联,YonBIP智能物联服务借助5G和物联网技术,通过精智云盒实现各类物理装置、设备的智能联接、实时数据采集,通过结构化的数据标签,为业务应用提供可具象化的数字模型;可实现高并发、海量的物联数据清洗、存储、计算,支持大数据、人工智能分析应用;具有丰富的实时、历史数据呈现力,为客户提供面向分析对象的图形多样化、三维模型动态化展示。

### 6. 区块链

YonBIP区块链助力产业互联网上各企业、组织联结上下游合作伙伴,建设创新的产业生态信任、共识、契约、共享、共生、共赢、安全等机制,打造未来产业互联网新的组织形式。YonBIP区块链将逐步提供存证、数据共享、数字资产、追踪溯源、领域和行业生态服务等一系列新型分布式区块链应用服务,为未来企业打造创新性社会化商业价值网络和生态环境,孵化新型的商业模式。

YonBIP商业创新平台的技术价值如表2所示。

#### 表2 YonBIP商业创新平台的技术价值

| 技术价值类别 | 使用技术 |
| --- | --- |
| 数字化 | 海量数据,主要通过智能硬件、在线消费者业务、产业链协同、社会化资源整合采集数据 |
| 智能化 | 深度神经网络、人工智能 |
| 高弹性 | 微服务、中台化,高弹性 |
| 高可用 | 全球分布式云计算 |
| 高可信 | 区块链 |

# 三、YonBIP 之数据中台关键技术介绍

## （一）数据中台介绍

数据中台居于前台和后台之间，是企业级的数据共享、能力复用平台。数据中台通过将企业全域海量、多源、异构的数据整合资产化，为业务前台提供数据资源和能力的支撑，实现数据驱动的精细化运营，是一系列数据组件或模块的集合。

用友数据中台是 YonBIP 的子产品，从图 5 中可以看出，数据中台位于十大领域云（SaaS 等）和底层技术平台中间，处于承上启下的重要地位。它对上支持以业务创新为导向的数据应用开发，对下依托技术平台实现数据全生命周期的管理。

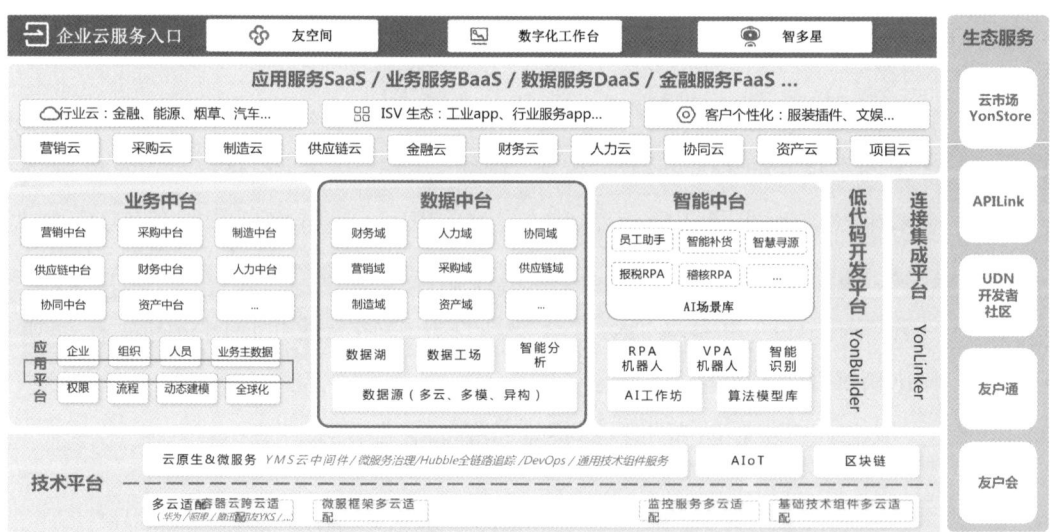

**图 5　数据中台在 YonBIP（商务创新平台）中的定位**

数据中台以数据移动、数据仓库、大数据和人工智能等数据加工处理技术为基础，主要提供主数据管理、数据移动、画像标签、关系图谱和智能分析服务等产业标准服务，包括数据资产、BigFusion、企业画像、智能分析、金服桥等子产品。

### （二）数据中台的新技术

（1）大数据安全技术。产品支持租户隔离，为多部门协同提供便利，并可保证数据安全；支持项目隔离，不同项目形成不同的物理空间，既可保证数据安全，也可保证流程清晰，方便管理任务。

（2）批流一体数据同步技术，打破企业数据孤岛。支持批量同步、流式同步、文件同步三种类型的数据同步，可方便地对不同数据来源和目的数据的数据集成任务构建；支持 Mysql，oracle，sqlserver，greenplum，hive3，达梦，postgreSQL，DB2 等多种数据源的创建。

（3）数仓建模技术可以标准化建模，提升数据分析和展示的性能。产品基于 Kimball 多维建模理论的工具化，提供体系化、可视化的在线建模及研发的能力，通过规范维度、事实的建模过程，减少数据分析时多个 join 操作情况的出现，降低 SQL 语句的复杂度，从而提升数据分析和展示时对数据库引擎的压力。

（4）大数据技术用于进行质量检查、数据开发。技术门槛低，有利于产品的实施和使用。产品在设计时，无论是数据同步、数仓建模、指标分析的向导式创建方向，还是专业级的数据开发，进行数据探索、数据查询、数据清洗、数据脱敏等多项操作，都体现出灵活易用，将复杂的理论简化为简单的拖拉式的方式实现。支持数据标准、模型与质量结合使用，设计数据质量稽核规则，及时检测、发现解决数据问题，实现数据向优质资产的转变。

## 四、YonBIP 在航空业的应用案例

### （一）航空业发展态势

由于国内外供需情况短期难以达到平衡，航空业市场需求旺盛。"互联网＋"在航空领域的应用，为航空业来新的发展空间。在此基础上，传统企业和互联网平台竞争激烈，企业通过提高用户体验、提升内部管理效率等方式进行商业创新，提高市场竞争率，为航空业提供新的增长空间。航空业市场规模及增长率如图 6 所示。

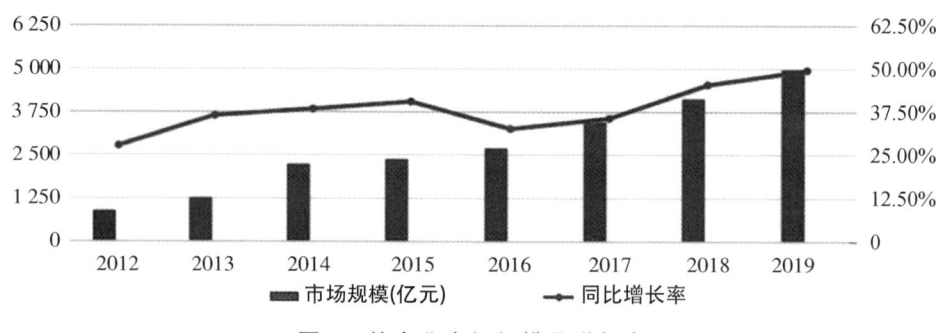

**图 6  航空业市场规模及增长率**

新技术出现给航空业的商业创新提供了全新的思考空间,新技术加入行业生产和服务过程,能够更好地解决行业痛点和存在的问题,保障行业的服务效果,实现行业的内部管理效率和用户体验的双重提升。

### (二)基于 YonBIP 内部市场化的解决方案介绍

1. 整体架构

1) 业务层面

在业务层面,整体业务流程图(图 7)中利用了很多新技术。从外部系统来看,需要使用大数据技术将各个外部系统,如 EAS,CMS,COC 等中的数据同步到事项中台中。事项库分为原始事项库和标准事项库两部分。根据提前定义好的事项转换规则,将原始事项数据库转化为标准事项库。与此同时,还需要根据会计人员的特点对事项转换规则进行个性化、标准化的定义,如对一张报销单进行成本核算时会加上各种核算科目。收入事项、成本事项和费用事项直接进入会计处理平台。对于业务量巨大的数据需要在内部结算阶段关联内部交易规则。比如,假设有一百趟航班,按照改革前的模式分公司直接将这些航班的收益作为自己的利润或者成本进行处理,包括地面服务都属于成本部门。这时需要在内部结算阶段根据内部规则利用价格和数量算出内部收入并进行分摊,产生的供方结算单和需方结算单进入会计平台处理。这个过程需要用到数据中台中的数据同步技术、数据加工处理技术、数据转换技术等。会计处理平台存有收入事项、成本事项、内部分摊、内部结算等多种情况,根据事项和科目对标表自动生成具体的会计责任凭证。自动生成责任凭证的过程由于业务量巨大,原有使用简单列表的处理方法已不再适用,我们利用分布式、大数据技术处理海量业务。生成的责任凭证是责任会计平台,数据源为地服模块一系统使用费,通过动因计算得到成本动因,再经过归口费用统计和分摊规则设置利用多为分摊模型执行分摊,最终得到国际客服和国内客服的系统使用费。最后根据报表项目与科目对照关系,以智能报表的形式在前端进行价值创造,站在集团角度需要看到各个板块的价值创造报表、成本费用趋势分析以及收入构成分析。整体业务流程如图 7 所示。

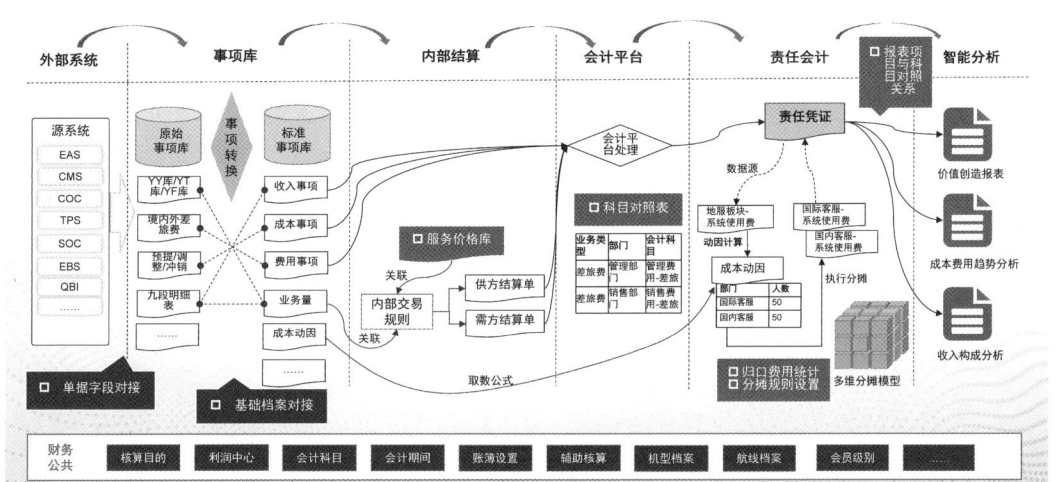

**图 7　某航内部市场化核算平台整体业务流程图**

2)技术层面

在技术层面,某航内部市场化核算平台整体架构使用数据中台和事项中台两项技术来支撑整体业务需求。数据中台对物联网系统(IoT)、专属/私有业务系统、专属/私有档案系统、生态应用与服务系统进行数据集成(数据移动),大数据工具把业务系统的数据源源不断、实时地注入数据湖作为原始数据。将原始数据、事项库、模型模板与参考数据放入分析与 AI/3rd 平台进行实时分析和批量分析,最终以生态化数据服务的方式展现。事项中台设计时包括事项模型、核算模型、计量分摊、验证映射、算法配置和项目工程,业务系统进入数据业务时会引起相应的作用。同时,运行时包括计量规则引擎、核算引擎、监控/异常管理、事项引擎、数据与服务编排引擎(任务调度),最终也以生态化数据服务的方式展现。数据中台和事项中台的整体架构如图 8 所示。

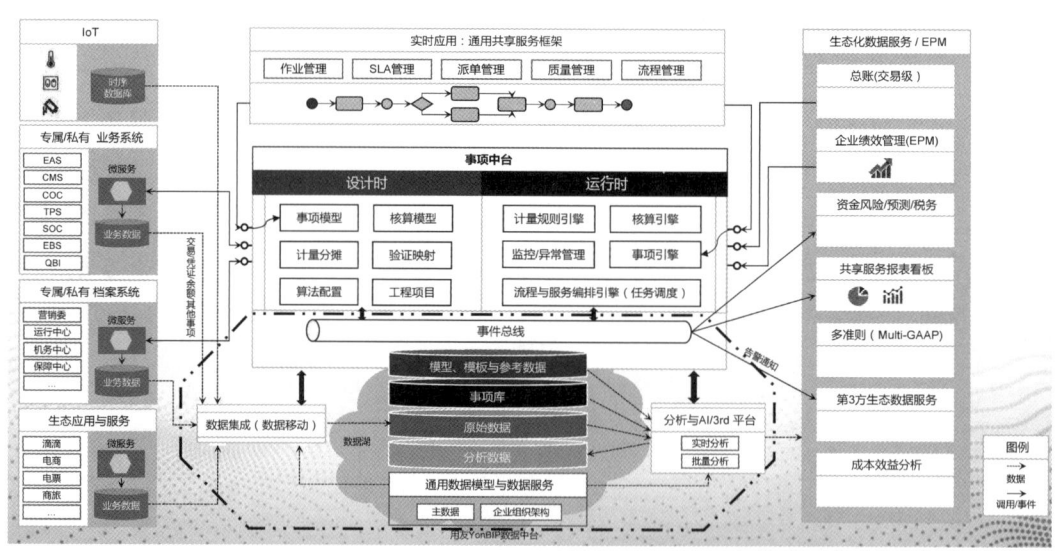

图8　某航内部市场化核算平台整体架构（数据中台和事项中台）

## 2. 流程步骤

第一步是外部异构系统业务数据导入流程，流程如图9所示。使用批流一体的数据同步技术和分布式计算技术，实现海量数据的导入，多标准的实时转换。根据手工业务数据导入和数据中台、业务系统的接口对接方式，结合原始事项定义，生成原始事项。如果生成不成功，会进入到异常日志里。若原始事项转换成功，则根据标准事项定义，生成财务人员理解的标准事项；如果转换不成功，会放入到异常日志，财务人员和技术人

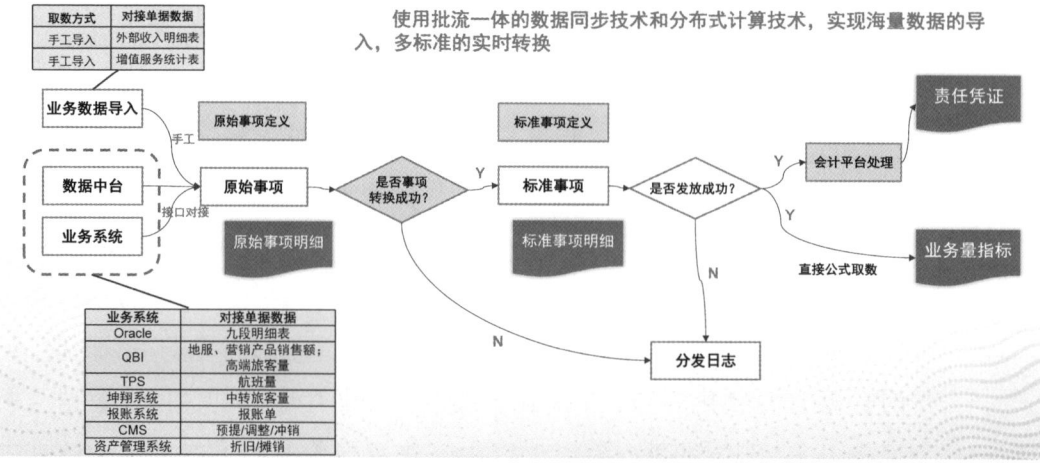

图9　外部异构系统业务数据导入流程图

员会再加入新的规则,使得转化能够成功。标准事项成功发放后,经由会计平台处理,生成责任凭证;同时,业务量指标可直接由公式取数生成。

第二步是内部交易结算。生成财务人员能够理解的标准事项后,接下来是财务管理最核心的内部交易结算。内部交易结算过程的关键点是价格和数量,有价格和数量就能算出收入和成本。如图 10 所示,内部交易规则绑定交易价格库和业务量指标,执行匹配,若匹配成功则产生供方结算单和需方结算单;否则分发日志。供方结算单和需方结算单审批通过后由会计平台处理产生供方-责任凭证和需方-责任凭证。

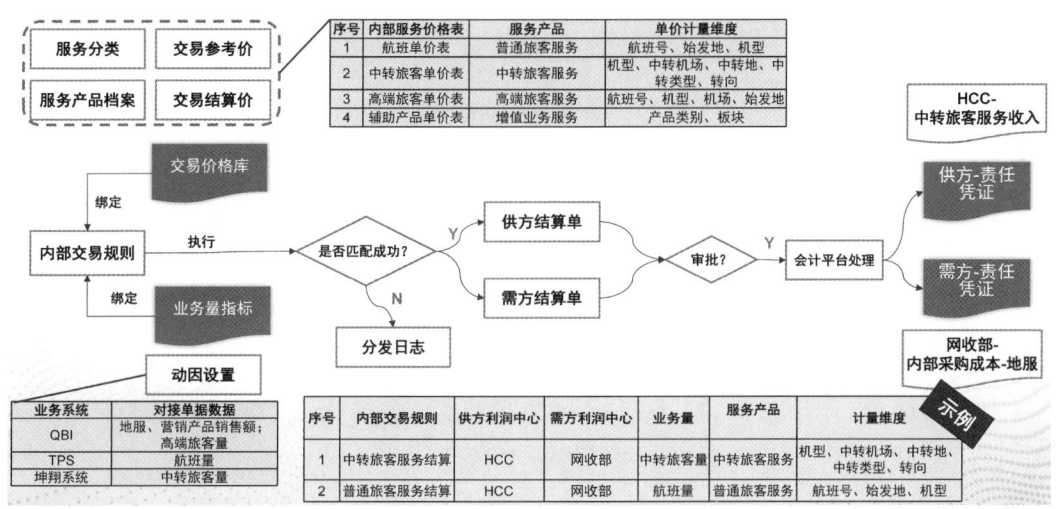

图 10　内部交易结算流程图

第三步是多维分摊模型。在已知收入和成本后,下一步的关键问题是费用。对于费用分摊任务,我们根据相应的分摊方案和分摊任务,在数据中台批量执行。本步骤执行的数据量巨大。图 11 所举例子为基建板块的水电暖费。以前基建板块作为成本部门,水电费统一进行计算。现让其成为利润中心,成本要分摊到地服板块、保卫板块,水电暖费也需要根据分摊方案进行相应的分摊。如果没有分摊成功,可能是因为分摊方案未绑定数据源、任务未匹配到待摊数据或未匹配到成本动因,意味着有新的规则要进行添加。新的规则有两个来源:计算机自动生成,业务人员和技术人员一起生成。随着规则的增加,整体成本收入费用会划分得越来越清晰,站在集团角度可以看到各大板块利润和价值创造的情况。

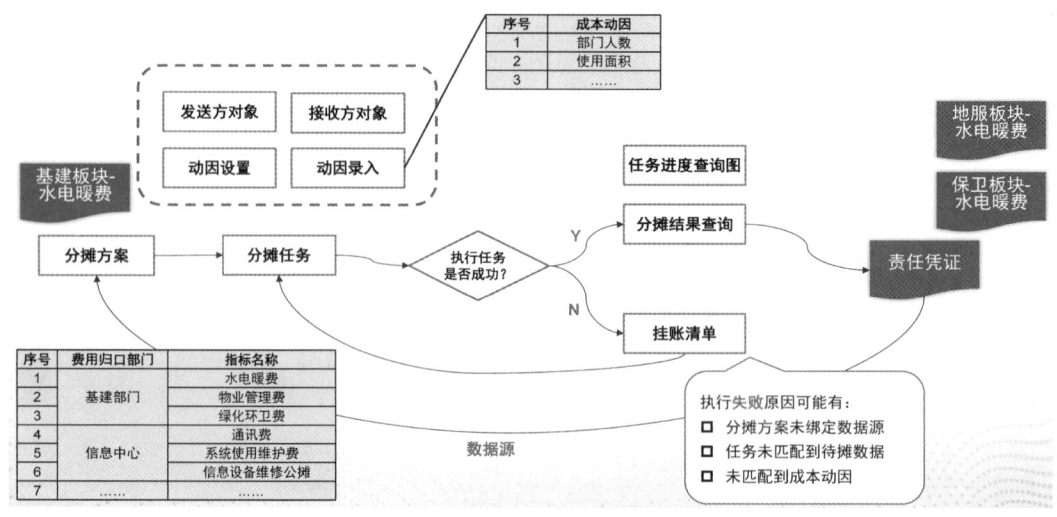

图 11　多维分摊模型流程图

第四步是多维报表展示。它主要使用数据立方体的技术，站在不同的维度可以看到不同的数据视图。如图 12 所示，站在不同的维度，可以看到地服板块的收入，每条航段的收入情况、成本情况、费用情况等。如图 13 所示，站在集团层面，可以看到集团各大板块的每个月的价值创造的情况，产出指标、投入指标和关键指标，多维报表展示把它整体展现出来，在进行相应的经营决策、绩效考核的时候都可以使用。

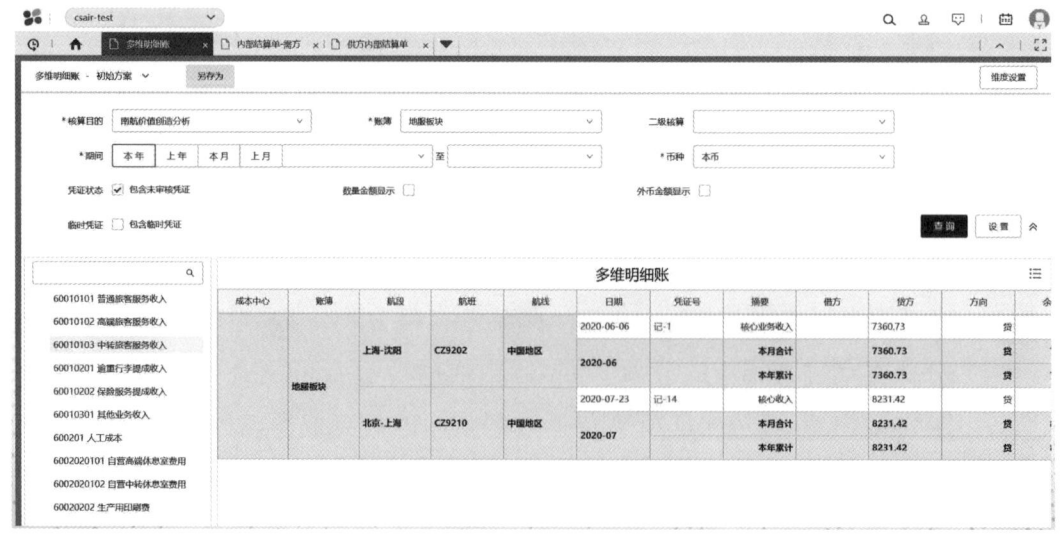

图 12　多维报表页面展现图

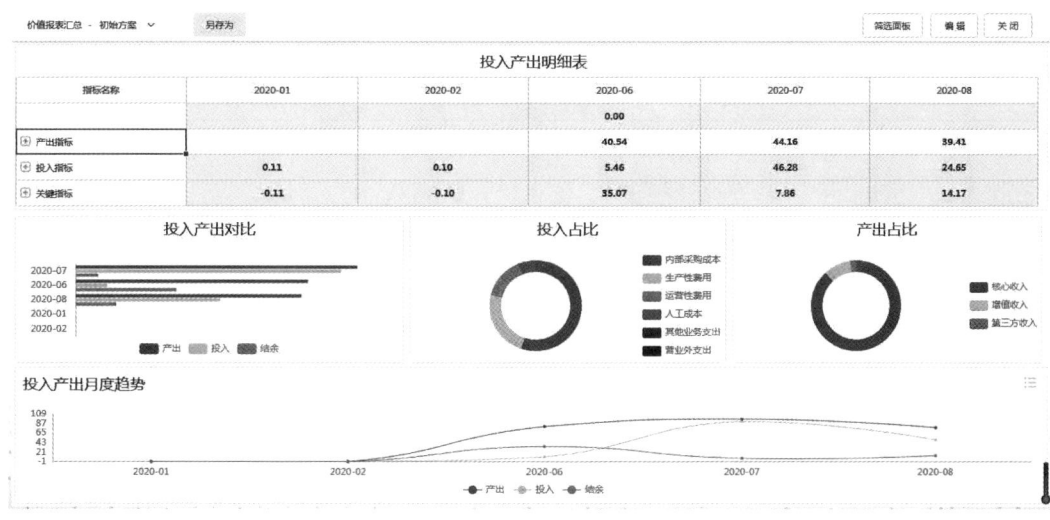

**图13 价值创造分析界面**

### 3. YonBIP 未来人工智能创新展望

目前整个项目已上线运行,集团反响良好。目前管理会计平台可实现内部市场化核算价值报表、内部市场化价值报表变动分析功能。截至2020年12月,集团内部的交易、分摊规则已有200余条,整个会计核算、检验过程全部由机器自动完成。

未来基于集团已经整理好的数据,项目可以部署更多的人工智能算法,完善人工智能在异创管理上的使用。目前前端数据已经规范化、标准化,从业务、财务的融合,到前端数据的预算都已经实现。2021年的新技术有数据挖掘、数据中台等,数据挖掘技术会进一步服务于航空业,如预测航空公司的收入、成本费、下个月地勤整体收入的情况,或者预测全年收入情况等。这里使用的基于持续数据的人工智能算法,是指通过事项数据和档案数据的采集,使用数据仓库的技术建立时间部门维度的新型模型,根据费用计算出各种原子指标和负荷指标,再使用人工智能的算法进行部门的收入和成本预测,为航空业的预算和滚动预测提供技术上的支持。如图14所示,使用数据中台技术,针对事项中台中标准化后的各部门的收入、成本、费用数据,进行加工和处理,使数据仓库技术进行标准建模,同时,使用数据挖掘和人工智能算法,为企业预算管理提供数据支持。

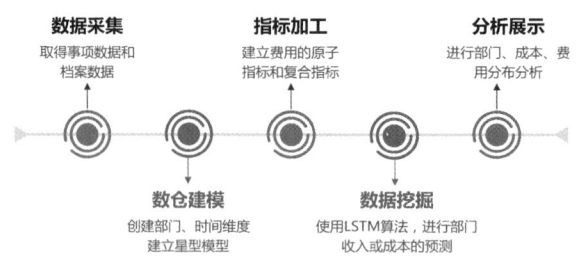

**图 14 基于数据挖掘和人工智能算法的预算管理支持**

未来航空公司会引入 YonBIP 的其他工具进行进一步的商业化创新，特别是，价值管理、成本控制方面将引入更多的新技术来推动高质量的发展和经营业绩的持续提升。

# 十大信息技术重构能源行业财务共享平台新能力

张鄂豫，金蝶软件（中国）有限公司

2021 年 6 月 30 日，国家电投财务共享中心北京、上海区域中心大屏各项财务数据闪烁，标志着北京、上海区域中心成功上线运营，顺利实现北京、上海区域共享中心 24 家二级单位所属 553 个会计主体上线工作，为实现财务系统集约化管理，推进集团公司财务管理数字化转型奠定了良好基础。集团计财部、财务共享中心以实绩诠释其初心。

国家电力投资集团有限公司（简称国家电投）是中央直接管理的特大型国有重要骨干企业，成立于 2015 年 7 月，由原中国电力投资集团公司与国家核电技术有限公司重组建成。国家电投是我国五大发电集团之一，是全球最大的光伏发电企业，2020 年在世界 500 强企业中位列 316 位，业务范围覆盖 46 个国家和地区。国家电投现有员工总数 13 万人，拥有 62 家二级单位，其中 5 家 A 股上市公司、1 家中国香港红筹股公司和 2 家新三板挂牌交易公司。国家电投肩负保障国家能源安全的重要使命，负责牵头实施"大型先进压水堆核电站""重型燃气轮机"两个国家科技重大专项，是"能源工业互联网"平台建设任务的主责单位，也是国务院国资委确定的国有资本投资公司试点企业。

随着电力行业市场化的变革、外部日益激烈的市场竞争、中国企业出海、"一带一路"倡议外部合规的政策遵从，以及碳中和、碳达峰对能源行业日益监管的要求，促使国家电投在不断思考"高质量发展"的问题。

2018 年，国家电投确立"2035 一流战略"总体框架内容，将"创新"确定为重要理念,将"先进能源技术开发商"确立为首要战略定位,并就加强和提升创新发展和成果落地的能力做出一系列安排。

2021年4月1日,国家电力发布《国家电力投资集团有限公司"十四五"总体规划及2035年远景展望》(以下简称《规划》)。《规划》全面贯彻落实我国国民经济"十四五"规划和2035年远景目标中关于能源电力工作部署,明确提出国家电投将坚持"2035一流战略"目标不动摇,立足"三商"战略定位,聚焦现代清洁低碳能源企业和国有资本投资公司双转型。《规划》以创新发展、绿色发展、智慧发展、共享发展为主线,围绕国家电投清洁低碳发展、创新转型发展,提出了四个方面的战略导向,即"清洁发展、升级转型,构筑新跑道""创新引领、资本融通,提升新价值""内外协同、平台引领,塑造新格局""深化改革、效能提升,激发新优势"。"2035一流战略"要求国家电投集团聚焦新业态、拓展新产业,优化调整组织机构、重新定义总部职能,解决制约战略落地的体制性、机制性问题,高标准抓好一流总部、一流产业、一流队伍建设,推进战略落地实施。

一流总部的建设目标落实到财务管理工作上要求如下:首先是财务管理精益化,在效能上要有很大的提升;其次是要不断辅助于管理和业务,做到创新和引领;最后是转型升级,包括管理的转型升级和人员的转型升级。国家电力投资集团"2035一流战略"要求企业管理向精益化和自主创新转变,试点国有资本投资运营公司,要求集团从管企业到管战略、管资本的逐步转型,财务管理也应从传统模式转型为以建立战略目标和财务效益为主的管控模式。

国家电投在2019年就开始进行财务数字化、价值创造的财务共享云平台规划。该规划提出了"一个平台、两个中心、三流融合、四位一体,五种能力"的财务共享云平台架构,帮助集团财务管理工作转型(图1)。很多企业的财务转型都是从搭建财务共享服务中心开始的,但国家电投提出的并不只是财务共享服务中心,而是财务共享云平台。

为什么是财务共享云平台?国家电投的规划中提出融合云计算、大数据、移动应用等新技术,采用微服务、模块化的构建模式,统一搭建财务共享平台,承载集团财务数据中心和财务应用中心的建设。横向推动与ERP,JYKJ,司库等系统之间的融合应用,纵向推动会计核算标准体系落

## 国家电投数字化、价值创造型财务共享云平台

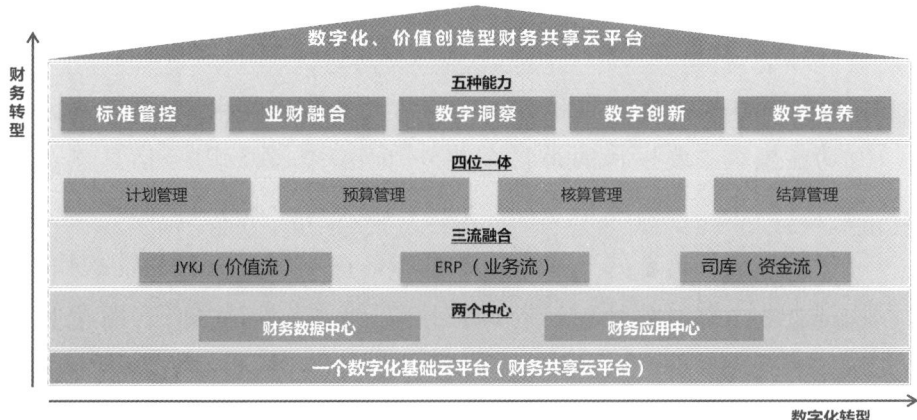

图1 国家电投数字化、价值创造型财务共享云平台

地执行、联通与各财务数据通道,实现全集团财务数据标准统一、集中共享,灵活出具多维度、多口径的财务分析报告,充分挖掘数据价值,为集团公司和成员单位经营管理和分析决策提供强有力支撑,最后形成集团标准管控、业财融合、数字洞察、数字创新、数字培养五种能力。

由上海国家会计学院发起的"影响中国会计从业人员的十大信息技术"评选活动已经有5届,这些技术对会计从业人员和财务工作都产生了深远的影响。在国家电投财务共享云平台项目的建设过程中也大量运用了这些信息技术,主要包括:多次入选的财务云、电子发票、会计大数据、电子档案、RPA、移动互联网,以及新上榜的OCR、NLP、新一代ERP等技术,还包括未提名的PaaS融合、内嵌规则机器人等技术。接下来我们将结合国家电投财务共享云平台项目的实践,具体讲解其中7项主要技术的应用情况。

### （一）财务云:全面支撑集团财务数字化能力创新

云计算在政务、金融、教育等行业共享服务平台等多个领域都有成功应用的例子,而考虑到会计信息数据等财务资源具有通用性、标准化、可获取性等特征,云计算和财务的结合体——财务云应运而生。

目前,财务共享服务中心的备受推崇带动了财务云的推广,有学者据

此提出财务云的定义：企业将云计算技术与财务共享服务中心协同整合，通过建立一个平台再造财务流程，实现核算报账、数据共享、财务管理、资金管理、决策支持合一，旨在降低总体运营成本、提升财务服务质量、强化管理会计建设、有力整合企业资源支持的企业发展战略。

财务云的总体功能分为外部涉众交互和内部财务管理。外部涉众交互功能模块主要执行的是与企业外部相关方进行财务信息交互的功能，面对外部相关部门和信息用户，它采用公有云服务的方式实现企业与外部相关方进行信息共享和业务办理。而内部财务管理功能模块主要负责执行企业内部财务管理活动，面对企业内部的不同部门、单位和个人，选择私有云或混合云服务来进行信息资源的内部交互，以此实现企业业务财务、共享财务、战略财务的应用。

在财务共享云平台项目上，国家电投利用企业级云原生的架构技术结合财务共享管理模式的转型，全面支撑国家电投集团财务数字化能力的创新。财务云技术的创新应用，主要体现在架构模式、分析模式、服务模式的创新三个方面。

（1）架构模式的创新：云计算的三层划分，即基础设施即服务（IaaS）、平台即服务（PaaS）、软件即服务（SaaS）为云原生提供了技术基础和方向指引，真正的云化不仅仅是基础设施和平台的变化，应用也需要做出相应的改变，摒弃传统的方法，在架构设计、开发方式、部署维护等各个阶段和方面都基于云的特点，重新设计，从而建设全新的云化应用，即云原生应用。什么是云原生技术？它实际上是一组技术，包含容器，微服务，分布式架构，弹性的伸缩计算，低代码的开发平台，OpenAPI，DevOps 等。通过这组技术可以实现敏捷柔性、高可用、弹性拓展、多租户等一系列特性。其实，很多消费互联网公司已经用了很多年云原生技术，这类公司最擅长解决的问题就是面对海量的终端用户快速迭代、变化。例如，淘宝的页面每天都在变化，微信每天都在推送新的内容，而版本升级非常快。这就是消费互联网上的运营商架构。如果它成为企业级运营商架构，既可以保障企业的稳定性，也能够去实现敏捷性，实现企业级的云上架构。基于云原生技术的财务云应用能够支持国家电投在 1 300 多个公司差异化的核算系统中实时抽取凭证，形成集团核算一本账，解决国家电投财务核算系统数据分析的历史难题。2015年重组时,国家电投拥有1 000多家分子公司、8套财务核算系统,重组后如何解决历史遗留问题、加强一流总部的管控能力？他们先想到的是架构组装灵活化的财务云平台。

（2）分析模式的创新：财务分析平台应具备可视化数据接入能力、数据资产管理能力、数据共享能力、自服务分析能力、社会化分享评价能力、数据搜索能力,确保在项目交付后,财务人员能够基于财务分析平台开展数据分析探索。这个目标主要体现在数据分析普惠化上,财务云平台要同时满足集团和二级公司财务分析的需求,通过分析结果追溯查询凭证,快速建立分析模型,在不增加下属单位工作量的前提下,提升总部财务分析能力。普惠化是指复杂的数据分析模型能够让财务人员自己建立、选择、分析,而不是把想要的数据结果、分析的维度提供给信息部门,由信息部门做复杂的数据抽取、数据建模,然后再展现出来。财务人员把听起来比较酷的信息技术掌握在手里,就是很重要的普惠化,是分析模型场景能够批量应用的前提条件。

（3）服务模式的创新：建设财务共享服务中心,通常会面临组织调整、人员调整、流程调整等种种阻力,很多大型集团公司在建立共享服务中心的时候,都有一个过渡阶段,如从多共享中心逐步到单共享中心。分区域、分行业建多共享中心时,一个共享平台如何既满足不同区域、不同行业二级公司的共享服务需求又满足集团财务共享统一标准、统一流程的需求,是我们要考虑的一大难题。服务模式个性化定制的财务云平台既可以对下属二级公司提供个性化的共享服务,也可以提供集约化的系统建设模式,加快整个集团财务共享平台建设的推广进度。

国家电投财务共享云平台实现了"两融合"和"三统一",基础服务云平台支持集团数据融合和应用融合(图2)。数据融合是指将主数据系统、多业态板块的ERP系统、JYKJ系统、司库系统里的相关数据进行有效融合与打通,在集团层面形成"一本账",帮助集团快速出具合并报表和进行财务分析。"一个池"是指下属二级公司建立区域共享服务中心的时候,所有业务流程都要进入共享任务池进行任务随机分派,做到专业化分工,并且集团要对多个共享服务中心进行统一的运营管理,这个就是财务集中和财务共享专业化分工的核心区别。应用融合是指费用、应收、应付、资产、成本等报账核算应用流程与现存核算系统的融合,将下属分子公司多个财务核算系统进行融合,最后用统一的门户为不同的角色、不同的专业人员提供专业化的分析展现。

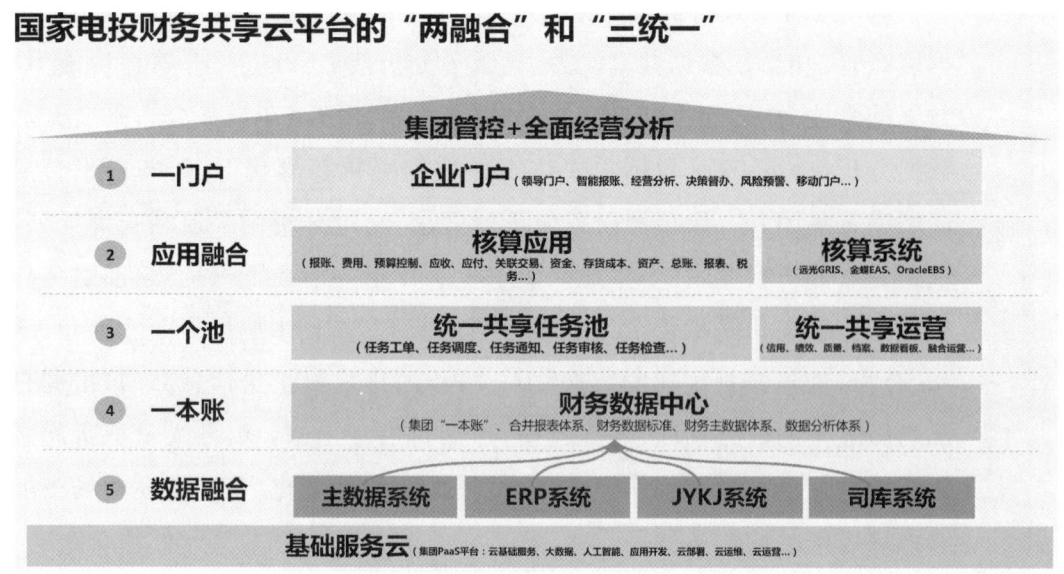

图2　国家电投财务共享平台的"两整合"和"三统一"

## (二) PaaS 融合:平台的深度融合,解决大企业上云难题

财务人员经常见到和使用的一般是 SaaS 层应用,如总账、费用、报表等应用,而 PaaS 层对于一般财务人员来说是个比较神秘的技术底层。很多大型国有企业在企业上云过程中已经自建了 IaaS 私有云,为了监控 IaaS 层的稳定性和性能,通常会建设 K8S、容器服务、资源编排、资源监控等系统。这些 PaaS 层应用被称为高控制力 PaaS 平台。它们主要基于云原生架构和分布式架构,提供基础技术能力,向下链接和聚合 IT 云基础设施能力,向上支撑应用和数据的构建和运行的能力。国家电投已经建立了自己的高控制力 PaaS 平台,但是在实际应用过程中发现还需要构建一个高生产力 PaaS 平台(图3)。也就是以元数据驱动为核心,构建业务和数据中台所需要的服务,通过基础服务能力,将各个业务应用系统中的基础运行组件和服务进行聚合。国家电投财务共享云平台项目上把自建的高控制力 PaaS 层和金蝶云·苍穹高生产力 PaaS 层进行了有效融合,解决了大型企业上云的难题。财务共享平台采用容器部署的方式,部署在集团原

有的 PaaS 平台上，实现了微服务、统一认证、统一权限、工作流待办、主数据等融合，达到了统一管理的目的。

## 高生产力PaaS平台：基于动态领域模型的低代码平台

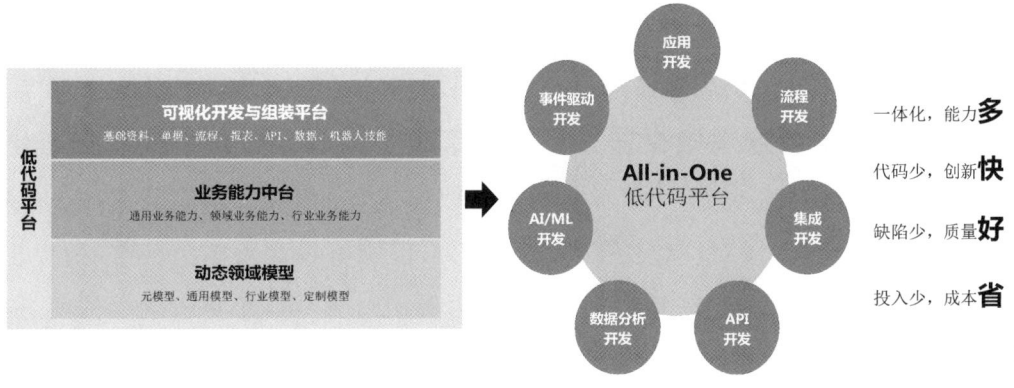

图 3　国家电投高生产力 PaaS 平台

　　大型企业的业务在不断发生变化，系统平台一定要满足业务管理的个性化需求，并且个性化的开发还需要快速进行迭代。金蝶云·苍穹高生产力 PaaS 层的核心之一就是基于动态领域模型的低代码平台，低代码平台就是 IT 普惠化和民主化最好的代表。金蝶在软件开发行业中做了 20多年，低代码平台将其开发经验抽象成各种各样的模型，能够在具体开发工作中去直接调用，不需要重新构建，通过模型、原数据去描述新的客观事物，让开发者在拖拉拽的同时也能够实现很多业务领域的开发。这里包含整个应用的管理，例如，控件表单的构建、模板的定制、符合互联网化的模型等，也包含移动表单的开发，对于字段、参数的配置，以及工作流的配置等服务。这些都需要按照新的模式去实现，才能构建出低代码的开发平台。有了低代码的开发平台，企业内部不再需要大量非常专业的开发人员，也不需要去做专业的底层开发，而更需要的是快速实现场景化的应用。因此，利用相对复杂的架构高效构建出的一些模型，非常适合企业的业务设计人员将复杂的内容留给架构，让业务简单化。

各位想象一下，作为财务人员，如果能够通过拖拉拽的方式，定制出自己想要的表单并且配置流程和数据分析模型、AI分析模型，是不是很酷？金蝶云·苍穹的低代码平台沉淀了元模型、通用模型、行业模型等动态领域模型，基于模型搭建业务能力中台和可视化开发与组装平台。这样就能做到开发一体化、能力多，并且代码量少，创新快，基于这样的平台进行二次开发，不会犯低级错误，质量有一定的保证，最终带来的效果是开发投入少，节省成本。这就是信息架构模型化、模型资产化、资产服务化。

### （三）内嵌规则机器人：依托标准化体系实现财务核算自动化

大型集团企业做共享服务中心时要做流程的变革、组织的变革、人员的变革。为了应对这些变革带来的阻力，国家电投在做财务共享时，提出了"1＋N＋X"的组织架构。"1"定位为集团财务共享服务管理机构，主要工作内容是构建财务共享规划和管控体系，集团总部的共享服务支撑和统筹管理区域分中心。"N"定位为财务共享服务运营执行机构，主要工作内容是提供区域内共享运营服务（除了下属卫星中心范围公司），配合总部管理机构工作及管理所属卫星中心。"X"定位为区域共享中心临时外派机构，主要工作内容是面向区域内某些单位服务，接受区域分中心的统筹管理和未来配合向区域共享中心整合。在这样的财务共享组织架构下，需要抓住一个核心原理，就是"形散神不散"。集团财务共享三级组织架构，必须明确组织关系及职能定位。虽然是"N"，虽然是"X"，但是在集团"1"的层面上一定要有一套标准化的体系，有强有力的管控能力。这样当区域中心做合并或者卫星中心做上收时，才能想并就并，想收就能收。

这样的设计思路指导要求财务共享中心一定要设计出一套立足当下、着眼未来的数据和流程的标准化体系，包括会计科目、业务大小类等标准化、流程中流程目录和场景、步骤和单据、审批矩阵、内控审核点等的标准化。这套标准体系为实现财务共享无差异化派单、大规模流水线处理财务业务奠定了基础，为搭建统一优质的数据基础，为集团决策分析提供了支持，为搭建标准规范的运营体系、提升管理规范化程度、落实内控管理要求、防范管控运营风险提供了有力的保障。

国家电投财务共享云平台项目组成员历时4个月，从管理与沟通、设备与设施、组织与人员、流程与制度、系统与数据5大维度开展工作，完成方案设计与宣贯、标准化体系构建、系统开发与测试、业务移管、上线培训和系统切换等各项工作。从会计科目、业务板块、金融机构、税率税项等16个维度制定财务共享指标体系，设计三级业务流程107个、标准化会计科目3 678个。

项目的上线通过对三级流程业务的规划、系统承载单据的流转、业务类型与标准单据及会计核算的映射，将业务流程规划无缝落地到系统，所见即所得。项目针对三级流程继续向下梳理业务大小类，对流程业务场景细化和补充，业务小类与会计科目末级颗粒度保持一致（不能大于科目末级）。项目通过将业务小类对应科目末级明细，再与集团梳理的新科目体系匹配，来验证流程-业务类型-科目的完整性。

国家电投财务共享云平台项目上的内嵌规则机器人，不是指不同系统之间通过界面去抓取、导入导出数据的RPA操作，而是指在同一个系统各个流程中基于标准规则实现自动化的智能核算方案。比如，从单据填写到单据提交、单据审核要点的自动检查，包括审核之后推送付款，付款后生成凭证，凭证进行归档等。这些都可以实现自动化。在国家电投8个二级公司、246个核算主体的上线过程中，通过上述标准化体系的建设和系统内嵌规则机器人的使用使凭证自动化生成率达到了98%。这个自动化率指的是在整个过程中没有任何手工干预的自动化率，实现的原理是通过内嵌规则运营平台和任务平台智能调度。运营平台有很多单据转换和凭证生成规则，账务中心把所有凭证生成工作、记账工作、对账工作、监控和结账工作放在一起，通过任务平台的后台智能调度方案，按照既定的时间和规则要求完全做到自动化操作。

### （四）RPA机器人、实体收单机器人补齐自动化应用

根据一份调查报告，仅在中国企业的财务共享中心中，RPA技术就已成功地应用于账务处理、发票认证、发票查验、银行对账、费用审核、发票开具、合并报表、收款核销、账期处理及报告、固定资产卡片管理、收付款处理、自动化报告、供应商对账、客户对账、固定资产账龄分析、关联交易处理、客户信用管理、涉税数据核对与校验和纳税申报等场合。

财务领域的操作处理规则性极强，恰好给RPA技术提供了很好的应用场景。以招商局集团为例，它通过在共享中心上线关账检查机器人、结

账机器人、银行机器人,大大提升了工作效率。关账机器人根据预设的各个检查项目,自动登录财务系统,通过查询分析器执行预设的各项检查脚本语句,将异常数据查询出来并导出至 Excel 表格中进行整理,最后将检查结果发送邮件给对应的财务人员,财务人员可根据每日收到的邮件去核查异常数据并进行处理。结账机器人在月末结账的时间点,登录财务系统自动完成各项结账的工作,最后将异常与处理结果通知给财务人员。银行机器人将各个银行的电子银行对账单,自动转换成财务系统的银行对账单导入模板,同时智能判断去除重复数据,完成财务系统银行对账单的导入,最后将结果发送给财务人员。RPA 财务机器人通过代替人工执行各项重复性的标准化任务,有效帮助企业降本增效,是企业实现业务流程自动化、智能化的得力帮手。

国家电投在财务共享云平台项目上使用了 RPA 机器人和实体机器人。比如,没有开通银企直联的银行对账、与监管机构报表系统的数据导入等工作还是必须通过 RPA 机器人来辅助实现。实体机器人主要是使用了智能收单机器人,解决了企业报销和对公付款过程中单据影像采集难,单据实物和影像不一致,全程纸质单据流转监控和归档效率低的问题。智能收单机器人是面向企业的智能 ATM 机,将人力从简单重复的扫描岗和收单岗中释放出来,提效降本。

### (五)光学字符识别技术

光学字符识别(OCR)是指电子设备(如扫描仪或数码相机)检查纸上打印的字符,通过检测暗、亮的模式确定其形状,然后用字符识别方法将形状翻译成计算机文字的过程;即针对印刷体字符,采用光学的方式将纸质文档中的文字转换成为黑白点阵的图像文件,并通过识别软件将图像中的文字转换成文本格式,供文字处理软件进一步编辑加工的技术。此技术在财务领域的应用场景有:单据智能识别、财务信息频道的分析和设计、资产的智能分类与识别、税务发票验真、财务风险预警等。最常见的应用场景是对各类票据单据的识别。

金蝶云光学字符识别(OCR)基于行业前沿的深度学习技术,可对增值税发票、火车票、出租车票、机票行程单、报关单、运单等进行识别,可将图片上的文字内容,智能识别为结构化的文本,可用于企业票据报销、金融票据识别、快递单据录入等多种应用场景，能大幅提升信息处理效率。

金蝶云光学字符识别通过先进的 OCR 技术和数据抓取技术，可获取发票全要素结构化数据，并可根据发票种类自动分类汇总、自动价税分离、对税额自动计算。同时，其支持移动拍照、扫描仪、高拍仪和 PDF 文件多种发票采集方式，并与国家税务总局的发票电子底账库对接，实现发票的在线验真查重、进项认证、抬头税号合规检查、红冲作废预警等，大幅提高发票管理效率、降低风险、节约人工。

OCR 技术在国家电投财务共享云平台项目上的应用不仅是发票，还包括银行对账单、电子回单、快递单、行程单、营业执照等。实际工作过程中，业务人员通过 PC 端、移动端把信息导入系统，系统可以自动匹配模板进行 OCR 识别。如果选择单据在系统内没有模板，可以通过模板基本信息、参照字段标注、待识别字段标注、模板测试、模板确认"五步法"来建立新模板，满足企业个性化表单的自动识别需求。模板和系统对应的单据可以做匹配，导入待识别的模板后，可以自动进行新业务场景的扩展。这些工作不需要 AI 工程师来做，业务人员经过培训后也可以轻松完成。

### （六）自然语言处理技术

自然语言处理（NLP）作为人工智能的一个重要研究方向，被广泛应用于文本处理、对话系统、文本情感分析以及智能推荐等领域。财务数据中存在大量非结构化数据和半结构化数据。使用 NLP 技术能从根本上改变财务系统数据采集、处理和分析的效率。NLP 技术在财务领域的应用有：表单的自动查询、财务数据检索、文本数据处理、成本数据识别、税务政策咨询、资金往来分析等。

NLP 技术的典型应用场景有很多，国内众多咨询公司及事务所都在尝试利用 NLP 技术，对合同审查、文本分析、信息提取等进行人工替代。金蝶基于 NLP 技术开发了语音对话交互平台，采用语音识别与合成技术、自然语言理解和生成技术、对话技术以及知识图谱技术，实现基于文字和语音交互的软件操作和服务体验。意图、词槽和财务技能的配置，可以实现手机端文字、语音形式的财务指标语音对话查询。比如，员工在系统中可以根据自然语言发起出差申请，系统将基于 NLP 技术抽取用户的意图自动生成出差申请单；管理者在系统中可以根据自然语言发起数据分析申请，系统将基于NLP技术抽取用户的意图自动进行相应数据的洞察分析。同时，这项技术也可为企业的经销商、伙伴、供应商等提供相应的服务。

国家电投财务共享云平台项目主要是利用NLP的对话机器人。大家一般看到的机器人已经对技术进行过组装和训练，是能够跟用户直接对话的机器人虚拟形象。这在每个企业是可以定制的。这样的机器人通常有两种技能：一种是问答型技能，你问他答，一般不会跟业务系统进行交互。另一种是技术任务型技能，通常会有多轮对话，并且在对话中能够准确地识别出用户的需求（意图），提取出关键的信息（词槽），意图和词槽是NLP技术的核心内容。根据这些内容与业务系统可进行相应的交互。通常的技术实现原理是新建一个技能，进行意图和词槽的抓取，进行流程的管理，添加样本，进行机器人训练，最后配置到业务系统里，就可以多轮交互并自动形成相应业务系统的操作。比如，语音发起出差申请单并自动进行填写操作，语音输入业务审批意见并处理流程通过等。

### （七）会计大数据技术：集成与分析处理助力数据洞察力

会计大数据技术是指大数据在大会计概念下的应用技术，涵盖各类会计大数据平台、会计大数据指数体系等大数据应用技术，包括数据管理、决策分析、风险管控、审计等。

国家电投数据分析体系当前遇到的问题主要是数据体量大、系统难打通，有多套系统，分析不智能，大部分靠体系外手工分析。其中最重要的是数据分析展现不直观，如果数据分析不可视，带来的价值将大大缩减。

国家电投的会计大数据系统对接了JYKJ，司库，税务，法务，主数据，合同系统，业务ERP系统等7大类外围系统，做到集团凭证一本账，建立多样化财务指标分析体系和灵活的财务分析模型。集团一本账实现了集团凭证级合并，能自动生成系统总账和抵销账，快速满足集团不同级次合并的业务需求。

国家电投财务共享云平台项目集团一本账的核心功能如下：

（1）建立集团凭证库：通过抽取二级成员单位ERP系统凭证归集方

式,建立集团财务集中凭证库,实现集团总账多体系、多账簿汇总与穿透查询分析。

（2）建立关联交易协同对账平台:支撑关联业务协同和对账自动抵销,生成各级单位不同层级抵销账和集团抵销账。

（3）建立多组织、多账簿集团一本账:合并公司总账账簿自动汇总与明细账穿透查询。

（4）建立多口径合并报表:合并报表天然融合集团一本账数据,满足月报、决算报表、管理报表编制,实现集团多组织灵活架构、多口径、多准则、多货币合并报表出具。

（5）报表体系完全指标化:满足报表多维数据值存储与分析。

现在国企、央企都在提对标世界一流。如何对标世界一流?国家电投梳理了指标体系与分析模型,提出"三个区别,六个指标,双对标"的体系,区别行业、板块和区域,设立"发电利用小时、售电电价、入场标煤单价、度电成本、吨煤完全成本、电解铝加工成本"六个核心指标,做到集团内部对标和外部行业对标"双对标"。利用数据分析模型生成生产投资、资金分析、税务分析、经营绩效分析看板（图4）,满足财务管理分析需求,提升数据洞察能力。

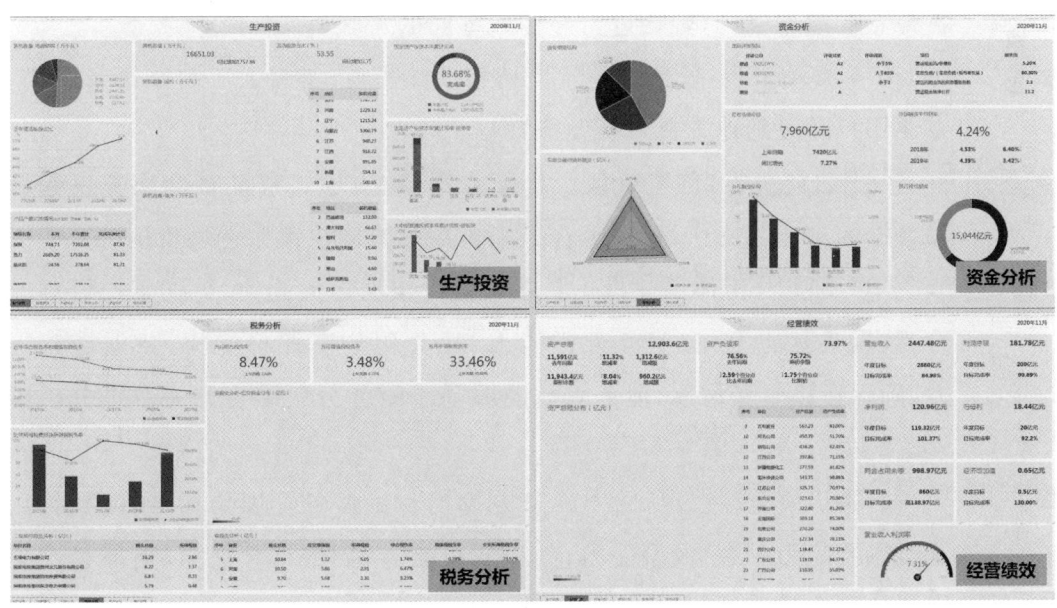

**图 4　国家电投数据分析大屏**

国家电投的会计大数据分析使用了金蝶的轻分析产品,使得系统应用能够从列表、卡片和固定报表上,一键切换到轻分析的数据探索模式,为业务用户提供在当前业务场景下,用于分析和决策所需的数据分析能力,让数据随时随地地支撑用户的业务决策。它具有如下特性:

(1)一键开始,即刻分析。与各业务系统深度融合,提供嵌入式分析,可从业务场景一键进入轻分析,对业务数据进行分析探索;提供嵌入式分析的平台化定制能力,通过简单勾选字段即可快速配置嵌入式分析。

(2)数据可视,智慧呈现。提供丰富的数据可视化类型,通过简单拖拽即可完成多维透视的图表呈现。

(3)聚焦数据,探索自如。提供强大的数据交互能力,支持数据筛选、数据穿透及公式运算,帮助用户快速聚焦和识别异常数据,寻找特定数据问题的答案。

(4)数据门户,个性定制。可视化卡片支持布局到门户首页及仪表板,快速定制个性化数据门户。

(5)中文实体,易取易用。支持直连各业务系统的中文业务实体模型,终端用户可一键获取标准化、易理解、可自由装配的分析元数据。

(6)轻盈配置,敏捷建模。提供便捷的数据连接和建模能力,可引入各种企业数据资产,轻松进行异构数据间的关联。

(7)移动呈现,便捷查看。支持移动端呈现,支持人工智能语音查询,方便用户随时随地掌握最新业务数据。

(8)协同决策,创造价值。打破数据壁垒,通过移动社交服务发起针对数据的沟通与协作,让数据在人人可用的协同决策中创造价值。

(9)财务分析体系建设。具备可视化数据接入能力、数据资产管理能力、数据共享能力、自服务分析能力、社会化分享评价能力、数据搜索能力,确保在项目交付后,业务人员能够基于财务分析平台开展数据分析探索的能力。

上述7项信息技术,助力国家电投提升了财务管理的标准管控能力、业财融合能力、数字洞察能力、数字创新能力、数据培育能力,支撑整个集团价值创造战略的落地。基于集团公司的管控模式及财务信息化建设现状,统筹财务共享建设规划,充分利用大数据、云计算、人工智能等新技术，搭建集团公司财务共享平台，打造集团公司财务数据共享池，满足集团对内对外经营管理及决策分析要求。

国家电投财务共享云平台项目的上线打通了与各单位财务数据通道，支撑了集团会计核算标准体系落地，形成了以财务共享平台为核心，JYKJ及司库系统为两翼的综合性财务信息系统。此项目通过技术手段抓取全集团标准化的经营财务数据，通过集团统一建设并完善标准化的财务应用，促进各单位财务管理信息化水平提升，提高财务数据分析利用水平，充分挖掘数据价值。最终实现集团公司"以账汇表"快速生成合并报表及灵活出具多口径管理报表，支撑全集团财务职能转型，促进财务管理由核算型向集中管控型、价值创造型转变，推动集团公司整体管理水平和信息化水平的提升，为建设世界一流清洁能源企业提供有力保障。

"道阻且长，行则将至。"通过国家电投财务共享平台的项目建设，我们深刻体会到国企财务管理的高质量发展是一场考验定力和毅力的大工程。如果我们能充分利用先进的信息技术，必将事半功倍，助力财务管理的变革与创新。

## 四

# 基于十大信息技术的政府机构智能财务管理转型

黄仁芬，中兴新云服务有限公司

党的十八届三中全会指出："全面深化改革的总目标是完善和发展中国特色社会主义制度，推进国家治理体系和治理能力现代化"。其中，政府治理在整个国家治理中处于核心地位，是国家治理最为重要的子系统，而政府会计则是政府治理的重要工具。一方面，为了提高现代化治理能力，政府会计发挥信息提供的作用，为政府决策和绩效评价等提供依据，同时要使外部监督和治理工具能够正常发挥作用，促进内部治理的改善，对外提高政府公信力；另一方面，政府要会计发挥会计控制的作用，通过规范政府部门财务行为和财务决策，将财政制度落到实处，如预算会计对财政预决算的核算和控制，收入征解会计对税收征管能力的促进；内部控制对政府机构和工作人员的行为约束等。

为完善政府会计体系，构建现代化财政制度，2014 年 12 月，国务院批转的财政部《权责发生制政府综合财务报告制度改革方案》（以下简称《改革方案》）要求至 2020 年建立具有中国特色的权责发生制政府综合财务报告制度。"十三五"时期，我国政府会计改革取得了丰硕成果，实现了从无到有的过程，中国特色的政府会计准则制度体系基本建成并稳步实施，为深化权责发生制政府综合财务报告改革夯实了制度基础。

然而，除了政策、制度、准则、指引等层面的变革，随着时代的发展、技术的进步以及政府会计改革的深化，传统的财务管理模式已无法匹配国家治理能力现代化战略和政府机构决策方式的发展，很多政府机构的会计工作模式和管理工具也不能完全满足现代化财政制度下信息提供和会计控制的需求。想要发挥政府会计信息提供和会计控制的作用,我们必须从降低成本、提高效率、合理分配与利用资源、高效使用信息化技术、实现社会效益和经济效益最大化的角度创新政府财务管理模式,进行财务管理转型,同时,逐步向服务型政府转变。

# 一、政府机构财务工作困境

当前政府机构财务管理面临的问题可以概括为忙、茫、盲三个字。忙,即忙碌——做不完的工作,理不清的数据;茫,即茫然——看不清现在,辨不清未来;盲,即盲视——控不好风险,分不清资源。

## (一)忙

(1)做不完的工作。政府机构财务人员的工作并不轻松,需要经常"加班加点"才能完成工作。例如,许多政府机构的费用报销工作仍然处于线下纸质单据报销的状态。而政府机构的工作人员将大量精力投入工作处理当中,通常没有多余的时间去理解复杂的报销流程、制度和规范。因此,报销材料不合规情况较多。这显著增加了财务人员的沟通时间和工作量。

(2)理不清的数据。各级政府机构每年需要上报大量报表,包括财政预算报表、财政决算报表、政府采购报告等。由于各下属单位的信息系统建设情况参差不齐,在汇总所收集到的数据时,常会出现数据口径不一致、颗粒度不统一等情况,数据逻辑混乱,缺乏可对比性。同时,由于缺乏信息系统支持,报表的生成过程主要依靠手工计算,常常使财务人员陷入大量的数据整理和加工工作中。

## (二)茫

(1)看不清现在。政府机构财务人员面对大量需要处理的基础性工作时,因缺乏合适的管理工具,无法获得全面数据,不能准确剖析问题,也无法做到及时的风险预警和科学的管理提升。以资产管理为例,许多政府机构仍然主要依靠财务人员进行线下核对,或使用 Excel 进行管理,没有部署相应的系统,也没有应用智能技术,因此,很难实时掌握各项资产的数量、购入时间、运行状态、使用频次、预计可使用年限等资产数据,更无法基于资产现状进行分析和管理优化。

（2）辨不清未来。政府机构财务人员，辨不清未来更多地表现为对于未来财务趋势的迷茫：一是对于数字化趋势和技术冲击下的财务工作可能发生的变化的困惑；二是对新局势下自身职能定位的疑惑；三是知道变革正在发生，却不知道该从何处着手，对转型方向和转型方法缺乏明确的认识。

### （三）盲

（1）控不好风险。政府机构面临的外部监管要求多于企业，包括中央八项规定、中央和国家机关会议费管理办法、差旅费管理办法、培训费管理办法等，除了国家层面的监管要求，各行政单位内部也涉及许多监管政策和规定。财务的第一要务就是控制好风险，保障各项活动符合各类监管要求。因此，风险控制是一个很大的挑战，依靠财务人员进行人工逐项核对和逐笔控制是不现实的。

（2）分不清资源。预算管理是政府机构财务工作的基础依据，也是实施内部控制的关键。当前政府机构已推行零基预算，然而，由于财务人员难以进行全面的数据采集和数据分析，预算编制缺乏有力的数据支持，可能会导致一些无效费用开支项目无法得到有效控制，不利于进行有效的资源分配，预算编制的规范性和精细化程度有待提升。

为解决以上问题，政府机构可以将信息化作为切入点，通过搭建统一的财务信息化平台来实现财务管理转型，通过将业务流程、信息流程、控制流程进行有机的结合，最大限度地提升财务业务流程效率，并将管控规则嵌入系统，利用控制预设与后台计算实现内部控制应达到的效果，从"人控"转向"机控"，减少人为干预或舞弊的可能性，建立长效管理机制。同时，各信息系统之间有机连接，实现对业务信息和财务信息的实时、动态、全过程监控，进而提升工作效率、降低潜在风险，促进政府会计职能从会计核算向内控管理、从资金监管向决策支持的转变。

## 二、中兴新云政府智能财务云平台建设

财务云是指在财务共享服务管理模式基础上，融合大数据、人工智能、

移动互联、云计算等各类新兴技术在财务领域的应用,提供"5A"式财务服务体验——任何时间(Anytime)、任何地点(Anywhere)、任何人(Anyone)都可以通过任何工具(Anydevice)获得财务服务(Anything),实现财务能力的集中与共享,促进财务管理转型。

中兴新云政府智能财务云平台主要基于财务云技术,通过将政府机构财务共享管理模式与云计算、移动互联网、大数据等智能技术有效融合,实现财务共享服务、财务管理、内部控制、科学决策的协同应用,建成统一政府机构智能财务云平台。政府机构智能财务云平台具有"一个平台+两大融合+三少理念+四算集合+5+1智控+六化效果"的特征:通过建成"一个统一的财务大数据平台",避免信息孤岛与重复建设问题;推行"两大融合",即业务数据和财务数据的融合,以及事项流和资金流的融合;践行"三少理念",即少走流程、少走弯路、少走覆辙,全面提升财务服务意识和水平;建立预算、结算、核算、决算的"四算集合",在系统打通数据链条,建立底层数据勾稽关系,提升流程自动化水平;最终实现控制"申请、预算、计划、标准、借款+合规"的"5+1智控"和"简化、美化、标准化、场景化、智能化、生态化"的"六化效果"。

## (一)中兴新云政府智能财务云平台建设步骤

构建中兴新云政府智能财务云平台的步骤如下:

(1)建立财务共享服务中心。共享服务是财务转型的基础,共享服务中心具备集中化、专业化、流程化、标准化的特征,这为政府机构规范管理、高效运行、有效监管的改革之路提供了技术支撑,也为政府机构贯彻落实党中央关于推进国家治理体系和治理能力现代化的要求,满足权力机关、社会公众等对政府财政财务信息全面性、准确性和及时性的要求奠定了基础。通过财务共享服务中心的建设,完成智能财务云平台中财务共享相关系统的建设,如费用报销/业务报账系统、智能审核系统、共享运营系统、电子影像系统、电子档案系统等,从线下转为线上,基本实现在线自助报销、后台自动审核、账表自动生成。

(2)搭建各项经济活动流程信息化系统。在建立财务共享服务中心的基础上,进一步建设智能财务云平台中的政府采购管理、资产管理、建设项目管理、预算管理、合同管理等信息系统,提升管理效率及内部控制成效。

（3）建立决策支持系统。通过打通财务系统和业务系统之间的连接，在建立起互联互通系统平台的基础上，应用自动化、智能化的新兴技术，强化信息系统效能，实现业务流程的更高效运行，提升数据的采集、加工和报送效率，并通过应用数据算法，构建大数据分析模型，支撑管理决策。

## （二）中兴新云政府智能财务云平台总体架构及内容

以中兴新云政府智能财务云平台为例。该平台围绕政府机构核心业务流程，从基础数据层、业财层、决策层的层级完成系统搭建，满足流程效率提升、内控要求落地、信息互联互通和科学决策支撑的要求。具体系统框架如图 1 所示。

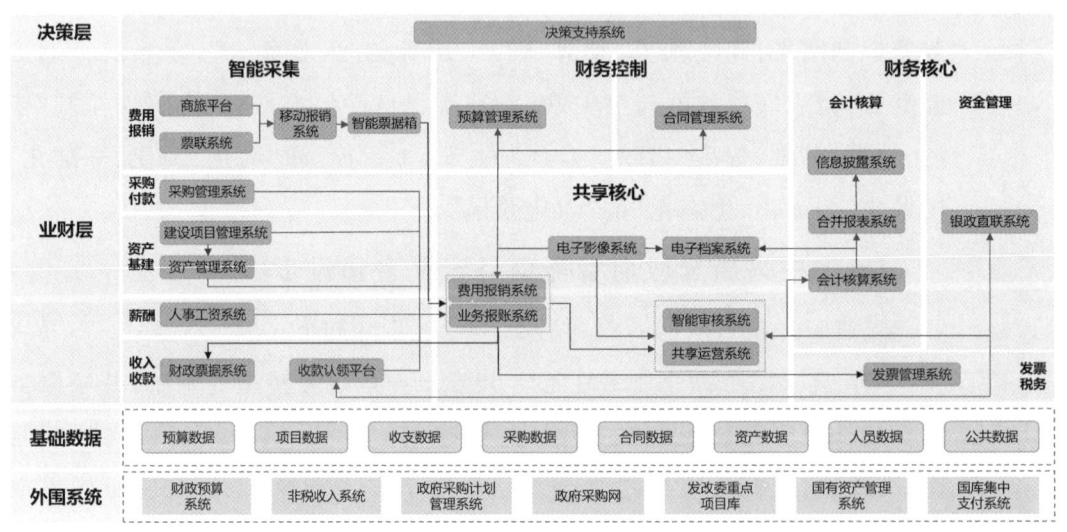

**图 1　中兴新云政府智能财务云平台系统框架**

中兴新云政府智能财务云平台主要包括六个部分，分别是智能采集模块、财务控制模块、共享核心模块、财务核心模块、基础数据平台和决策支持系统。

1. 智能采集模块

中兴新云政府智能财务云平台智能采集模块包括商旅平台、票联系统、移动报销系统、智能票据箱、采购管理系统、建设项目管理系统、资产管理系统、人事工资系统、财政票据系统以及收款认领平台。智能采集模块各系统间相互关联、相互制约，与共享核心系统互联互通，打通业财链条，实现信息的智能采集。

（1）商旅平台。商旅平台以"互联网＋政务"为理念，工作人员可在商旅平台直接预订机票、火车票及酒店，机票和火车票可实现无票出行，协议酒店可在线预订，无需个人垫资，可实现便捷化的公务消费和公务出行。支付结算可强制使用公务卡，这为国家加强公务卡管理提供了有力的电子化手段。

（2）票联系统。票联系统能够通过微信、支付宝卡包获取电子发票、纸质发票混合拍照识别等方式采集各类票据信息，后台与税局系统对接自动验真，保证发票真实性。发票采集后汇集在发票管理系统，系统自动对其进行对比查重，可保证发票唯一性。系统支持对火车票等未价税分离的票据自动算税进行价税分离，这样便于客运服务费抵扣。获取的票面结构化信息可直接作为财务审核依据。其系统的主要功能包括发票采集、发票验真、发票查重、智能算税等。

（3）移动报销系统。移动报销系统集事前申请、发票归集、费用报销、业务审批、费用分析等多功能于一体，提供个人费用移动报销全流程支持。移动报销系统可与商旅平台实现数据对接，公务出行数据准确传递至移动报销系统或费用报销/业务报账系统。在移动报销系统内，工作人员可直接勾选消费记录进行报账，全程点击选择即可完成。同时，领导也可以利用碎片时间随时随地完成审批。移动报销系统极大地方便了经办人报账和领导审批，全面提升了效率与体验感。此外，移动报销系统内嵌财务云图®，可多维度分析个人行为与费用结构，帮助强化政府机构内控管理。

（4）智能票据箱。智能票据箱是票据收集的远程自助服务终端，它打通了移动报销中的实物单据流转的断点。智能票据箱与票联系统、移动报销系统的共同使用，可以实现移动化的发票采集、在线填单、单据投递报销全流程，保证了单据的高效流转，可实现电子流和实物流的有机统一。

（5）采购管理系统。采购管理系统主要负责政府机构所需商品、设备、物资、工程等的采购。平台通过规范采购流程、打造"三公（公开、公平、公正）平台"，形成"采购资金预算→采购计划→采购执行→采购支付→采购验收→采购档案"的全过程管理，为管理部门、采购人、代理机构、供应商、监督部门、社会公众提供"标准统一、规范透明、资源共享、安全高效"的采购系统，实现政府采购全流程操作电子化、全过程监控实时化、全方位审计自动化、全覆盖管理一体化。其功能模块包括采购需求管理、采购计划管理、采购申请管理、中标登记、采购合同、采购执行、采购验收、采购支付、信息统计等。

（6）建设项目管理系统。建设项目管理系统围绕项目库和资金流，通过建立"项目立项→概预算→招标→合同管理→项目跟踪督导→工程结算→验收决算→财务档案→项目评价"的全过程系统，构建符合政府机构基建管理要求的体系，实现项目前期、中期、后期的全周期管理，帮助相关政府机构合理、科学地投资各类基本建设，有效防范资金使用风险。其功能模块包括：项目立项、项目实施、项目管理、项目库管理、统计查询等。

（7）资产管理系统。资产管理系统主要实现"采购（预算编制、采购申请、文件批准）→跟踪（合同签订、付款结算、查询资产状态）→管理（仓储管理、配发启用、日常管理）→退役（报废处置、上缴）"的国有资产全周期管理，动态监控资产全貌，方便资产的调度与分配，最大限度提高资产的使用效率与价值。其功能模块包括资产计划、资产配置、资产卡片、资产日常管理、资产清查、资产处置、统计报表等。

（8）人事工资系统。人事工资系统支持政府机构基于组织架构和职务体系搭建工资体系，灵活制定人事工资方案、标准及计算规则，智能处理工资信息调整、审核，与费用报销/业务报账系统对接，自动生成工资凭证，实现工资核算与财务核算、成本计算的一体化操作。其功能模块包括员工信息管理、人事管理、工资核算、工资管理、工资报表、统计管理等。

（9）财政票据系统。财政票据系统能够对财政票据进行统一管理和查询，实现线上票据申领、流转、归档，以及票据实时核发、获取及查验。对于缴款人及用票单位来说，财政票据系统能够提升票据获取效率，提高票据使用便捷度；对于政府机构来说，财政票据系统能够对电子票据进行自动统计与实时核对,有效解决纸质票据对账难、易出错的问题,降低票据遗失损毁风险,节约票据打印、传递、整理和保管成本。

(10)收款认领平台。收款认领平台针对收款环节,通过配置匹配库规则、流水清分规则和自动认领规则三大规则库,实现流水自动匹配和清分认领,并根据对账规则进行自动对账,实现收款流水和票据从接收、认领到入账全流程的智能管理。其功能模块包括流水管理、流水清分、来款认领、流水认领、系统配置等。

2. 财务控制模块

财务控制模块包括预算管理系统和合同管理系统,实现预算管理和合同管理线上化,能够有效提升财务管控力度和效率。

(1)预算管理系统。政府预算是一种政府收支计划,是制定政府计划和政策的重要载体及工具。预算管理是在财政预算的整体框架及要求范围内,对政府机构预算资金收支全过程的管理。预算管理系统是政府智能财务云平台中非常重要的一个系统,涉及从预算编制、上报、下达,到预算执行、提醒、控制等的全过程管理,旨在保证各项花销合理合规。其中,预算控制是预算管理中的重要环节,主要是对政府机构各类费用申请、财务报销、借款和支出核算等业务进行控制,通过设定控制标准、要求与规则来支撑更精细化的预算管理要求,根据业务需求支持控制业务不允许发生、在业务发生时给予警告、通过消息对相关人员进行提醒等。预算管理系统与费用报销/业务报账系统对接,实现预算数据与执行数据的交互。其功能模块包括预算体系设置、预算录入、预算批复与下达、预算调整、预算分解、预算执行与控制等。

(2)合同管理系统。合同管理系统利用信息化手段规范政府机构合同管理流程,支持政府机构合同登记、审批、备案、变更、跟踪、归档等,实现合同收付款全过程电子化管理;通过合同相关流程再造与优化,提升工作效率,实现政府机构内部信息共享。其功能模块包括合同模板管理、合同登记、合同审批、合同备案、合同阶段管理、合同支付、合同变更管理、合同台账管理、合同归档、合同借阅等。

3. 共享核心模块

共享核心模块包括费用报销/业务报账系统、智能审核系统、共享运营系统、电子影像系统和电子档案系统,它是财务中台系统。财务中台系统连接业务和财务后台系统(指下文中的核算管理相关系统、银政直联系统和发票管理系统),使财务处理更自动化,还可以在业务处理的过程中同时触发财务处理,实现业务和财务的深度融合。

(1)费用报销/业务报账系统。费用报销系/业务报账系统定位为费用报销、采购付款、收入收款、资产报账、薪酬报账、资金票据等业务一体化处理平台,提供单据填写、业务审批、财务审核等功能。在费用报销系/业务报账系统中可内嵌各种费用标准,实时展现标准金额和标准检验结果;内嵌审批规则,自动进行流程分配;内嵌预算审批控制标准,实施预算执行过程监控。费用报销/业务报账系统在提高业务流转效率的同时,通过控制规则内嵌加强对各类开支合理合规性的管控,帮助政府机构有效落实内部控制,提高工作效率和各级部门对财务服务的满意度。其功能模块包括个人相关、事项申请、借款还款、费用报销、业务报账、领导审批、费用控制、财务记账、资金票据、控制规则、台账平台等。

(2)智能审核系统。智能审核系统基于所获取的结构化数据,内嵌规则引擎,依据审核规则智能校验数据逻辑的一致性、合规性,推动从报账到审核、支付、记账的全流程智能处理。系统可以展示当前正在进行智能审核的单据、智能审核通过项及异常项数目、风险定级等信息,并以列表形式展示单据审核细则及审核结果。智能审核系统的应用,能极大地降低财务人员的工作量,防范人工审核的遗漏和失误,降低财务运行成本,提高审核效率和质量。

(3)共享运营系统。共享运营系统是财务共享服务中心作业平台、财务业务统一处理平台和共享服务中心运营管理平台。系统内置任务调度机制、绩效管理机制、运营监控机制及统一会计引擎等,旨在提高财务基础性工作效率。其功能模块包括任务处理、运营监控、凭证管理、付款确认、对账管理、绩效管理、查询分析等。

(4)电子影像系统。电子影像系统可以将合同、报账、核算等环节各类实物单据转换为电子影像,实现电子信息采集、影像传输、集中存储和调阅管理,并且支持对其他类型影像(如财务报表、银行回单)的采集、管理和调阅。电子影像系统与费用报销/业务报账系统、电子档案系统相结合,实现全生命周期的电子化管理。其功能模块包括影像采集、影像传输、影像处理以及查询管理等。

（5）电子档案系统。电子档案系统基于安全性、实用性和开放性原则,将财务与业务相关系统产生的各类信息、纸质单据转化为电子档案,以减少实物档案的邮寄成本和保管成本,提升档案管理效率,保障档案管理安全。其功能模块主要包括档案归档(凭证打印、凭证匹配、凭证分册、凭证入柜)和档案查询借阅(档案查询、档案借阅、库房管理)。

4.财务核心模块

财务核心模块主要集中了财务的基础性工作,即核算、资金和税务,是业财层中的财务后台系统,主要包括核算管理相关系统、银政直联系统和发票管理系统。

1）核算管理相关系统

2017 年 11 月 9 日,财政部印发了《政府会计制度——行政事业单位会计科目和报表》(以下简称《新制度》),对政府会计提出了"三双"创新,即通过发挥预算会计和财务会计的"双功能",依靠收付实现制和权责发生制的"双基础",最终输出财务报告和决算报告的"双报告"。《新制度》改变了以往单一的核算基础,构建了一种"预算会计与财务会计适度分离并相互衔接"的会计核算模式,要求统一会计制度、加强财务会计的功能、完善报表体系、增加制度的可操作性。因此,政府机构需重新规划、整合和再造核算管理信息系统,以适应《新制度》改革的业务要求。从信息流转的角度看,核算管理相关系统包括会计核算系统、合并报表系统和信息披露系统,如图 2 所示。

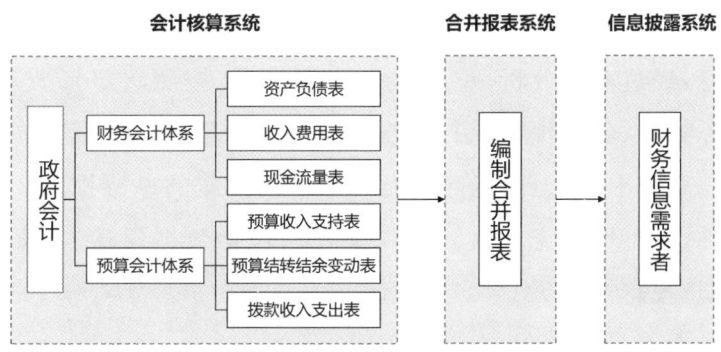

**图 2 核算管理相关系统架构**

（1）会计核算系统。会计核算系统的起点是会计分录,终点是会计报表。在《新制度》的要求下,会计核算系统除了满足传统的财务核算功能,还需要预置政府会计科目体系,引入"5+3"的会计要素。会计核算系统采用"一笔业务、一张凭证、两类核算、各自平衡"的思路,自动完成财务会计采用权责发生制、预算会计采用收付实现制的"双基础"会计处理,当财务会计下的"财政拨款收入""零余额账户用款额度""库存现金""银行存款"和"其他货币资金"等科目发生增减变动时,预算会计应同时进行会计处理。会计核算系统利用信息化手段,实现平行记账自动化、资产核算智能化、报表生成一键化、操作界面可视化。同时,按照财政部统一管理规范的要求,中央部门决算报表使用统一的软件和报表格式。因此,会计核算系统提供与财政部年度决算软件一致的报表,并提供导入中央部门决算系统的功能。其功能模块包括凭证审核、凭证打印、账簿管理、结账管理、资产管理、折旧摊销、资产账务、资产处置、财务会计报表、预算会计报表、决算报表编制及报送等。

（2）合并报表系统。合并报表系统通过从业务系统和核算系统抽取数据,按照合并规则进行数据的检验和转换合并,抵销财务报表主体之间相关联的业务,客观核算一级政府机构的整体财务状况和运营成果,实现数据收集、传递、合并、展示的一体化,提供更准确的数据全貌。合并报表系统通过代替繁琐易错的手工操作,以及报表检查、自动对账、自动调整、自动抵销等功能,大幅缩短合并报表的编制周期,提高财务管理工作效率。其功能模块包括主数据管理、数据抽取、数据调整、数据录入、数据合并、报表展示等。

（3）信息披露系统。信息披露系统也是政府机构核算一体化的重要组成部分。信息披露系统通过从其他财务信息系统中采集需要披露的数据信息,经过系统分析、整理、加工、审批后,按照法定形式展示政府机构的财务状况、各类预算执行情况和"三公经费"等财务信息并传达给政府财务信息需求者,力图提高政府财务信息披露的透明性、公开性、及时性、真实性、完整性和充分性。其功能模块包括数据报送、数据接收、数据审核、信息披露等。

2）银政直联系统

通过接口平台,银政直联系统在专线连接和灵活安全的配置下建立了政府财务管理信息系统和外部银行之间安全畅通的信息交互通道,保证了高效集中、安全可控的资金支付与资金调拨,如图3所示。

通过银政直联系统,财务人员无需登录网上银行,利用自身财务系统即可进行银行账户管理、余额查询、支付、对账、公务卡还款、信息下载等操作,免去在网银系统中再次录入的过程,在有效提高工作效率、降低财务管理成本的同时,实现业务一站式操作、自动化处理,保证政府资金不落地支付和监控对账等。其功能模块包括账户管理、支付管理、账单查询、银行对账等。

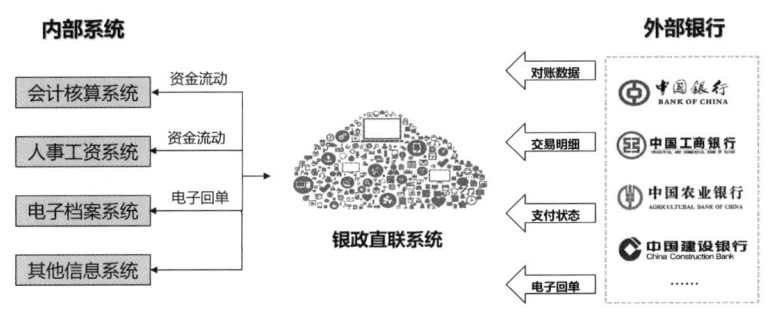

图 3　银政直联系统信息系统对接框架

3) 发票管理系统

发票管理系统对政府机构各项经济活动中涉及的全类型发票进行集中管理和分类沉淀,并基于汇集的全票面信息、发票状态、报账信息、合同及关联信息等进行发票数据分析和多维展示,优化内部管理。发票管理系统对接税局查验接口,完成自动查验,并可批量进行发票认证、抵扣等操作。同时,发票管理系统支持自定义管控规则,能够有效进行日常合规及逾期预警,加强政府内控管理,防范税务风险。其功能模块包括发票仓库、发票合规、发票查验、发票认证和发票分析等。

5. 基础数据平台

有效的数据管理是系统发挥控制作用的基础与依据,通过对各类数据全过程的监控与管理,对经济活动数据、系统运行数据、内部控制痕迹数据进行规范统一、集中存储、实时调用,形成数据池,帮助实现数据挖掘与分析。基础数据平台对政府机构预算数据、项目数据、收支数据、采购数据、合同数据、资产数据、人员数据以及其他公共数据进行集中管理,同时也为其他信息系统提供组织架构、用户权限、消息通知、公告、日志等基础服务,在减少运维人员数据维护工作量的同时,保证各系统基础数据的统一性。基础数据平台还支持在同一环境下内设不同行政组织、财务组织、预算组织,灵活地满足各单位行政管理和预核算管理要求等。基础数据平台具体功能框架如图4所示。

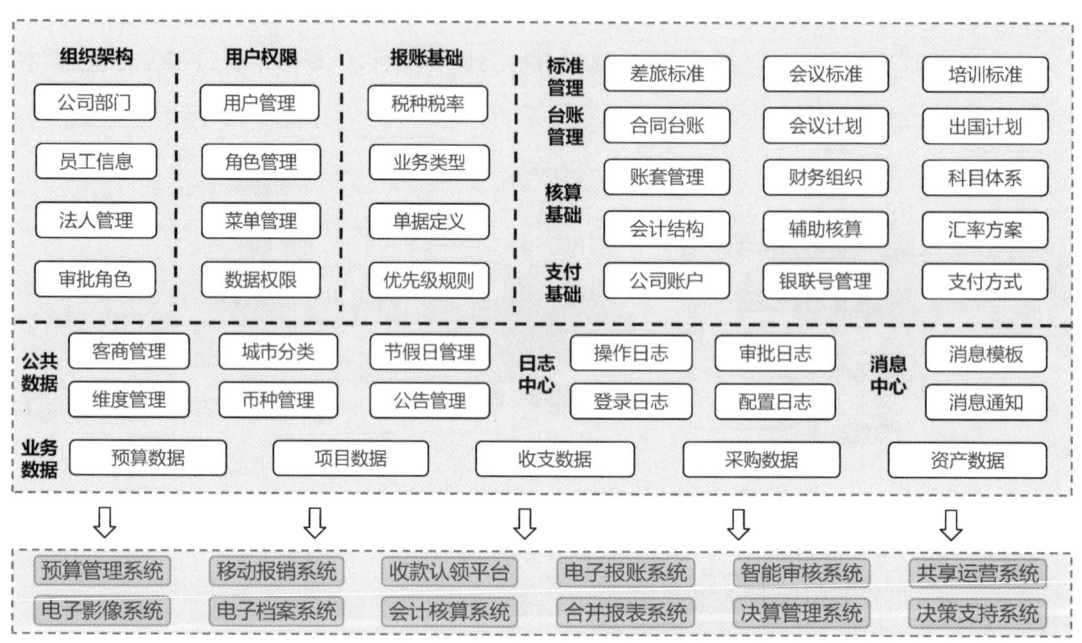

**图4　基础数据平台功能架构**

基础数据平台的亮点在于:

(1)实现基础数据沉淀,各系统从基础数据平台获取公共数据,保证数据的统一性和完整性,减少重复建设和烟囱式的协作。

(2)设置业务类型与预算科目、会计科目的映射关系,实现单据提交时按照规则占用相应预算科目的预算,以及自动生成记账分类,同时,根据组织机构、单据类型设置对应的审批流程,提供灵活的流程执行机制。

(3)预设费用标准模块,对差旅、因公出国(境)、会议、培训、接待等费用标准基础数据进行配置,设置相应的控制方式,并向报账系统提供标准查询和校验接口。

(4)支持合同台账和计划台账管理,允许将已签订的合同和已审批的计划录入系统,并在提单时进行关联。

（5）系统保留所有用户登录、用户操作、领导审批、财务审核、管理员配置等的相关记录，采用双重签名机制，杜绝信息被篡改，保障安全性和可靠性。

6. 决策支持系统

决策的基础是数据，决策的过程即为数据采集、存储、处理、分析、利用的过程。随着数据资源的开发利用和共享互通日渐被重视，政府机构由以往的"被动执行"转变为"主动决策"、由"经验依据"转变为"数据依据"、由"事后诸葛"转变为"事前预测"。在大数据、云计算、人工智能等新兴技术的支持下，政府机构正在构建一个面向政府决策者和公众参与者的，可度量、可分析、可模拟、可跟踪、可矫正、可反馈的新型政府决策支持系统。决策支持系统是政府机构实施战略决策的支撑系统，支持数据处理、数据应用和数据展示等环节，通过多渠道获取数据，对内外部数据进行清洗、精简、整合和集成，根据分析目标对数据进行多维度、可视化的分析与挖掘，提取隐含信息，建立数据神经网络，将数据信息转化为管理知识，提供外部数据报表并满足内部决策需求，帮助政府机构完成财务管理转型。具体功能框架如图5所示。

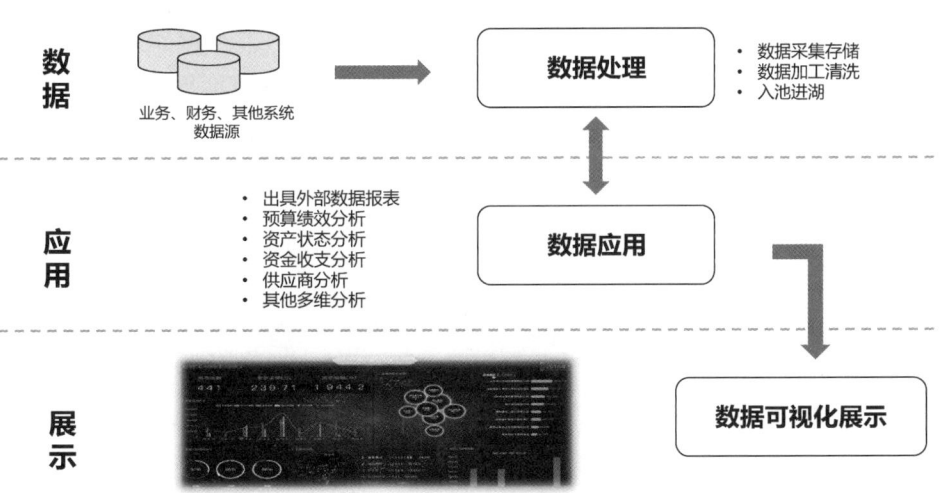

图5　决策支持系统功能框架

决策支持系统的亮点在于：

（1）提供大数据处理和分析能力，集数据处理、数据应用和数据可视化展示于一体，结合大数据分析模型及算法，实现面向决策场景的数据价值挖掘,满足描述、预警和预测的分析需求。

(2)提供外部数据报表,满足财政部、国家机关事务管理局、审计署等其他政府部门数据统计和报表报送需求,完成各种基础财务信息的自动化生成和智能化核对,实现内外系统数据的安全交换与共享。

(3)满足内部决策需求,通过充分展示经济活动中资金的去向与用途,综合利用业务与财务数据信息,实现支出跨组织、跨周期、跨类型、跨地域的分析、评价与诊断,以仪表盘和导航仪的形式更直观地提供决策依据,满足内部决策需求,发挥政府机构管理会计的职能与作用。

## 三、中兴新云政府智能财务云平台系统的功能亮点

中兴新云政府智能财务云平台系统的功能亮点主要表现为平台一体化、流程智能化、数据可视化和保障安全性四个方面。

### (一)平台一体化

中兴新云政府智能财务云平台采用灵活的"微服务 + 数据中台 + 接口平台"的设计理念和系统架构。对内紧密连接财务系统和业务系统,实现财务系统和业务系统的全面连接,形成平台内部的小循环,充分发挥财务中台的作用,建立可采集、可加工、可分析、可扩展的数字化平台;对外打通与财政预算、非税收入、国库集中支付、国有资产管理等系统的接口。平台通过外部相连、内部循环,可实现各单元间的信息共享。

### (二)流程智能化

平台通过实现系统间的互联互通,同时,将光学字符识别(OCR)、规则引擎等智能技术嵌入系统内部,实现智能识别与智能提单、智能预警与智能审核、智能核算、智能支付的智能化财务工作流程。

(1)智能识别与智能提单。系统自动识别发票结构化信息,自动完成大部分单据信息的填写,工作人员可以轻松进行智能提单报账。

(2)智能预警与智能审核。财务人员可以依据中央关于"三公经费""八项规定""六项禁令"等的规定,将制度明细、内部控制业务和预算要求嵌入系统。工作人员提单时系统可自动对不合规事项进行预警,使财务

人员无需记忆大量的审核规则,在提升效率的同时加强风险管控。

（3）智能核算。系统内嵌新政府会计制度下的核算入账规则,可根据报账单自动生成双分录记账凭证,年终结账后自动生成报表,减少人工做账工作量。

（4）智能支付。平台利用银政直联系统建立了内部系统和外部银行之间安全畅通的信息交互通道,以实现资金支付的风险管控和效率提升。

### （三）数据可视化

为了从数据中挖掘有效信息,中兴新云对大量数据进行直观的呈现,政府智能财务云平台能够根据管理者不同的需求,依据不同的业务场景,搭建对应的可视化财务云图®,展示内容包括但不局限于财政资金预算执行情况、结转结余情况、"三公经费"统计、行政运行成本统计、项目投资计划执行情况、会议培训计划执行情况、巡视审计所需数据等。平台通过搭建大数据分析模型,实现从会计科目的小数据向多维分析的大数据的转变;平台设计贴合实际业务的预警模型,实时监控重点数据,及时控制内外部风险;平台建立预测模型对数据中隐含的关联关系进行分析,提前预计可能发生的情况。财务云图®能够对大数据分析模型、预警模型、预测模型的分析结果进行展示,为政府机构运行决策提供有力支持。

### （四）保障安全性

出于政府机构信息安全性和保密性的考虑,政府机构智能财务云平台运用自主可信技术,其建设重点关注网络安全、数据安全和应用安全,以多重安保措施,构筑安全高墙。系统通过非涉密业务外网运行、涉密业务内网操作,确保其使用便捷、安全保密。同时,系统利用严格的身份认证、权限设置、内外网隔离、关键数据加密、双机备份、三员管理（系统管理员、安全保密员、安全审计员）等手段,提高信息系统的安全防护能力。

## 四、中兴新云政府智能财务云平台的建设收益

### （一）提高流程效率

建设中兴新云政府智能财务云平台可以显著提高政府机构各项经济

活动流程的效率。平台通过对流程进行再梳理、再设计,集成财务和业务各环节的数据链,并通过系统将流程固化,进而实现信息的互联与共享,提升财务和业务流程的运行效率,提升工作人员体验感,达到"领导放心、经办人开心、财务人员省心"的效果。

### (二)强化风险管控

中兴新云政府智能财务云平台通过将各个内部控制关键点内嵌至流程和系统中,并提前设置制度规则,结合大数据处理和分析,实现各流程环节审批规范、程序合理,帮助提高风险管控的信息化、自动化、智能化水平,降低内部控制风险。

### (三)确保收支准确

中兴新云政府智能财务云平台通过数据传输的实时性,以及银政直联、公务卡自动还款、安全管控等技术功能,确保政府机构的各项收支精准,提高资金收付的及时性、信息存储的便捷性和安全性。

### (四)支撑科学决策

中兴新云政府智能财务云平台帮助政府机构深度融合业务与财务,进一步推进业财一体化。平台通过充分发挥数据、业务、平台的融合效应,获取大数据分析的能力,为政府机构管理者提供及时、有效的数据支持,进而提升政府机构的管理水平和科学决策能力。

### (五)提升治理水平

中兴新云政府智能财务云平台能够满足现代治理体系和能力建设的要求,提升政府财政治理水平,支撑依法治国全面实现,推动政府管理向统一化、标准化、规范化、系统化和高效化的方向发展。

## 五、未来展望

《中华人民共和国国民经济和社会发展第十四个五年规划和 2035 年远景目标纲要》提出,要提高数字政府建设水平,将数字技术广泛应用于政府管理服务,推动政府治理流程再造和模式优化,不断提高决策科学性和服务效率。未来,"IT流程驱动+DT数据驱动"的双轮驱动将构建全新政府机构财务管理体系,支持决策科学性和服务效率的提升。其中,IT是基础,面向流程驱动,通过信息化建设提高政府机构内外部协同效率;DT面向数据驱动,以数据思维去思考政府机构的管理,构建丰富的管理决策场景,实现从数据采集、数据清洗、数据初步探索和算法建模到数据可视化的数据决策全流程贯通,构建数字技术辅助政府决策机制,提高基于海量数据的精准动态监测预警和预测水平。政府机构财务管理将通过"IT+DT"的技术组合,在保障信息安全的同时,实现全流程系统支撑、全系统自动连接、全信息智能采集和全场景数据洞察,进一步推进国家治理体系和治理能力现代化建设。

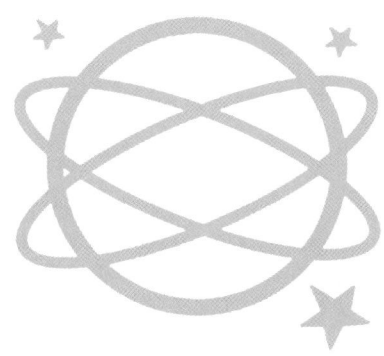

下篇 ·

2021 年入选潜在影响中国会计从业人员的

五大信息技术解读

# 深度学习与智能决策

续慧泓、左涛，山西财经大学

深度学习作为近年来被广泛关注的人工智能技术之一，已经在财务工作中得到一定应用。本文在回顾人工智能发展演进的基础上，首先剖析了深度学习的算法原理，其次进一步分析了深度学习算法目前在财务工作中的应用场景和对构建智能财务系统的影响，最后介绍了深度学习算法应用中需要注意的问题以及未来的应用和发展。

2016 年，AlphaGo 战胜围棋世界冠军李世石让人工智能走进普通大众的视野，也让隐藏在背后的深度学习（Deep Learning，DL）浮出水面。随着新一代信息技术的成熟，深度学习已经在图像识别、搜索技术、数据挖掘、机器翻译、自然语言处理、多媒体学习、个性化推荐等领域得到广泛应用，在财务领域的应用也逐步扩展到决策支持、专家系统、财务智能流程自动化、风险识别与控制等领域。2021 年，深度学习与智能决策入选了潜在影响中国会计从业人员的五大信息技术，预示着该项技术在会计中的应用潜力，其也将成为会计信息化向智能化方向转型发展的关键技术之一。

## 一、人工智能与深度学习

人工智能之父图灵（Turing）在 1950 年发表的《计算机器与智能》一文大胆提出了"让计算机像人一样思考"的设想。在 1956 年召开的达特茅斯会议上，与会学者们正式提出了"人工智能"的概念。人工智能的核心，是让计算机像人一样思考。如何让机器具备智能，近 70 年的发展大体经历了三个阶段。第一阶段：推理时期（20 世纪 60 年代），人们通过类似于

"If ... then ..."等语句完成基本的推理过程,通过硬编码的形式讲逻辑判断置入程序,以帮助计算机完成简单的逻辑判断。第二阶段:知识时期(20世纪70年代),人们将获得的知识转化成规则,并将规则置入程序,让计算机具有智能,典型的应用是专家系统(Expert System)。专家系统将人类已经获得的经验和规则转化为知识模型,通过用户交互触发模型,并调用数据计算生成最后的结果。其典型的应用就是决策支持系统(Decision Support System,DSS)。应用在财务领域,则产生了财务决策支持系统(Finance Decision Support System,FDSS)。第三阶段:机器学习时期。进入20世纪80年代,随着"人工神经网络(Artificial Neural Networks,ANN)"概念的提出,人工智能真正进入了机器学习时代。人工神经网络模拟了生物神经网络的结构和特征,其本质是一种非线性统计数学建模工具,通过模拟人脑的思维过程,帮助机器完成学习和决策。"人工神经网络"提出的二十多年中,由于其受限于计算机的算力和数据,并没有得到广泛的应用,直至2006年,著名的Hinton教授提出了"深层神经网络"的概念,将沉寂多年的神经网络重新带回人们的视野。并且,随着Imagenet大赛①的成功突破而获得了更多的关注,深度学习也成为近年来推动人工智能不断发展的关键技术和路径之一。

人工智能是一个目标,是通过各类的专家系统、机器学习、进化计算等,达到让计算机代替人类进行思考、进行分析的目标;机器学习是一类方法,用于支持人工智能目标的实现,这些方法包括监督学习、半监督学习、无监督学习;深度学习是机器学习中非常重要的一类算法,用于解决大数据环境下复杂的决策问题。

## 二、深度学习的基本原理

深度学习是一种多层神经网络,采用了类似于人脑的工作原理。与人脑类似,神经元是神经网络的基本组成单元,一个神经元接收信号作为输

---

① 自2010年以来,每年度ImageNet大规模视觉识别挑战赛(ILSVRC),研究团队在给定的数据集上评估其算法,并在几项视觉识别任务中争夺更高的准确性。

入,经过计算后产生一个输出作为下一个神经元的输入或者作为结果输出。每一个输入都会被分配一个权重,权重与输入相乘,得到信息的输入。权重代表对输出的影响程度,也代表特征变化的方向。对于输入的数值,会在一定范围内输出一个较小的值,把输入转换成输出值的函数被称为激活函数(activation),在输入和输出之间还会加入一个偏置量(bias),用于调整激活函数的状态。一个简单的神经元工作原理如图 1 所示。

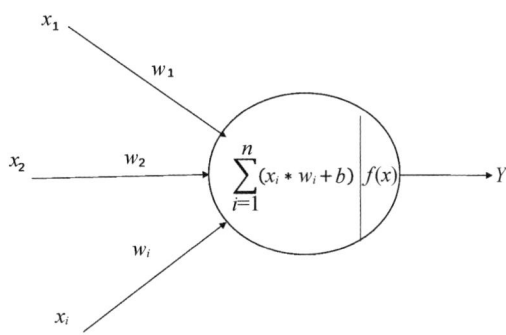

**图 1　神经元原理示意图**

一个神经元借助于 $Y = f(wx + b)$ 函数完成了一次转换,也意味着完成了一次决策或判断,而多个神经元的连接,则组成了最基本的神经网络,如图 2 所示。

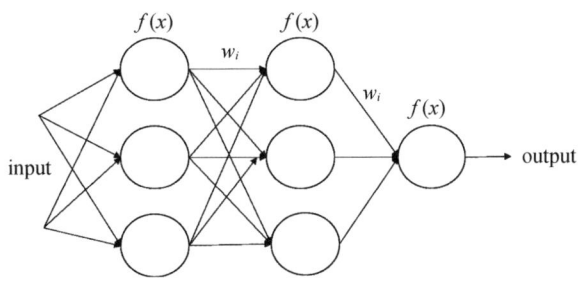

**图 2　神经网络原理示意图**

神经网络通过多个神经元的广泛连接,构成了复杂的决策网络,形成了非线性学习系统。神经网络具有一定的自适应能力,当环境发生变化时,输入变量的权重也会发生变化,触发相应神经元的激活函数,从而产生不同的决策路径。抽取不同的特征,权重类似于人的记忆功能,帮助机器记忆输入变量影响的程度,从而让神经网络具备了自适应能力。神经网络具有一定的学习能力。学习分两种：一种是有监督学习，即利用给定的样本或示例进行学习；另一种是无监督学习，即只给定一些学习的规则或方式，系统可以自发地从环境变化中发现规律，推导规则。通俗地讲，神经网络的学习过程有数据、预期结果和算法三个要素。第一个要素是数据。数据来自外部的输入，可以是结构化的，也可以是非结构化的。简单的数据，是没必要使用神经网络的，如简单的财务比率计算与分析，而复杂的大样本数据对于取得好的训练效果是非常有益的。第二个要素是预期结果。预期结果是一种可观测的、可记录的行为结果，可以是标签、模式、行为等，是可观测的输出成果。第三个要素是算法。算法用于完成输入到输出的转换，并计算目标和源数据之间的差距，然后做出调整、反馈，通过这样的循环迭代，让输入和预期输出不断接近目标，把差异逐渐缩小，指导达到预期的目标，在达到预期的同时，也可抽取影响事务特征变化的规则。同时，神经网络具有较好的非线性映射能力和高并行能力，也具有较好的预测功能。神经网络常见的算法模型包括多层感知器（Multilayer Perceptron，MLP）、反向传播神经网络（Backpropagation Neural Network，BPNN）和概率神经网络（Probabilistic Neural Network，PNN）等。

深度学习是神经网络的进一步深化，是含有多个隐藏层的多层感知器，隐藏层的层数可达 5 层以上甚至 10 余层。它通过建立适量的神经元，通过学习和训练，建立起从输入到输出的函数关系，完成对事务特征的逐层转换和抽取，并最终逼近目标。以典型的深度学习在视觉识别中的应用过程为例，深度学习的逻辑过程可以分为五个步骤，如图 3 所示。

**图 3　深度学习的逻辑过程**

第一步是低层次感知，获得全量的相关数据，在大数据环境下，通过视觉、声音、文字识别等捕获相关信息；第二步是进行数据预处理，消除噪音;第三步是特征提取,通过对特征信息的获取,抽线描述对象的特征,比如,识别正方形时,只需要识别边框就可以捕获对象特征;第四步是特征选择,抽象出对象的特征变量;第五步是推理预测,经过训练可以识别正方形后,对于新的捕获信息,可以判断其是否为正方形,并继承正方形的相关特征和应用。这是一个循环迭代的训练过程,通过训练逐步抽象出特征,并以此为基础进行预测、推理和判断。

深度学习的算法原理可以用图 4 表示。

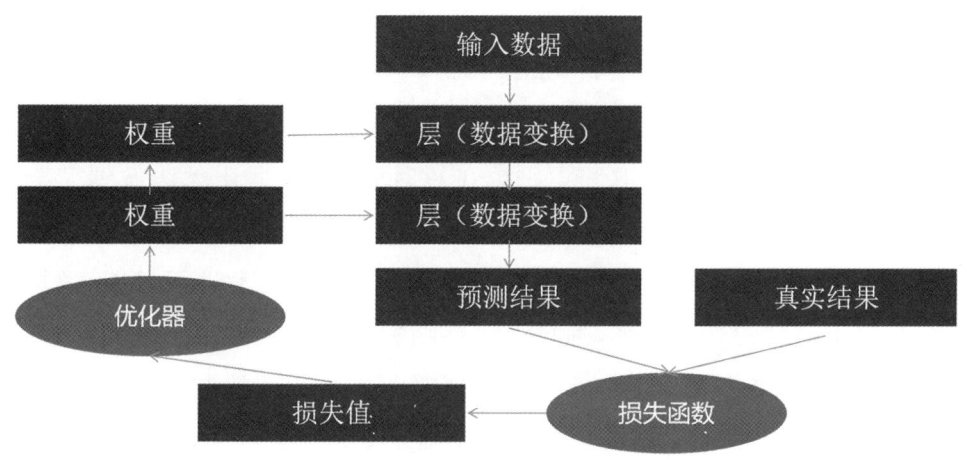

**图 4 深度学习的算法原理**

深度学习的算法模型描述了算法的执行过程。输入或感知的数据经过第一层的数据转换,抽取特征向量,再做第二层转换,抽取更高层次的特征向量。每次转换,都代表着原始数据向要达到目标的接近。经过多次变换、多次抽象后形成预测结果。预测结果会和真实结果作比较,并通过损失函数判断预测结果和真实结果之间的差距。如果差距较大或不能达到预期目标,就需要调整抽取特征值时的向量权重,重新进行特征转换。通过循环迭代,直到最后逼近最佳的结果。目前,常用的深度学习算法模型包括卷积神经网络(Convolutional Neural Network,CNN)、深度置信网络(Deep Belief Network,DBN)等,这些算法模型都具有扎实的数学基础,在实践中也得到了广泛的应用。这些方法可以借助 MATLAB、Python 等工具辅助实现。

## 三、深度学习在财务工作中的应用场景

随着财务工作从信息化向智能化的转型,深度学习的应用场景也日益丰富,从目前应用的现状分析,深度学习在财务工作中主要应用于三个领域。

### (一)数据感知与人机交互

数据感知作为财务工作的基础环节,一直是效率低、耗用人工量大、及时性和准确性弱的环节,也是制约财务工作自动化、流程化、智能化的关键环节。深度学习技术的应用首先体现在这一领域。例如,通过 OCR 技术实现票据影像的读取和识别。在短时间内,票据还无法做到完全的电子化。对于集团企业而言,远程单据的处理过程仍然需要影像技术的支持,对于获取的票据影像,可以借助于深度学习技术进行识别、数据提取以及验真等操作。又如,通过智能终端进行原始数据采集和捕获,通过视频识别、红外扫描、RFID 等技术实现对业务行为的捕获和判断。再如,通过语音识别进行人机交互,进行语音输入、智能检索等。此类应用较为广泛,但大多和一些应用工具或系统相互结合来进行应用,如在智能财务机器人(IRPA)应用中,图像识别、单据审核等环节都嵌入了深度学习技术,在智能终端中则通过边缘计算方式实现对业务处理的计算过程等。

### (二)财务预警与风险控制

深度学习在财务预警与风险控制中的应用具有天然的优势,特别是在多变量非线性预警方面产生出较多的应用场景。在资本市场上,典型的应用是在金融交易市场智能投顾[①]等环节的应用,其借助于深度学习算法,对投资组合的风险和收益进行综合测算和评估,借助于样本训练可能产生风险的条件和场景,指导投资人做出决策。在风险预警方面,常见的应用包括根据公开披露的证券市场信息进行财务风险的识别与评价,根据企业披露的内部控制报告对企业内部控制质量进行评价和风险预警

---

　　① 智能投顾,也称机器人顾问(robot adviser)是一种在线财富管理服务,具体指根据现代资产组合理论,结合个人投资者的具体风险偏好与理财目标,通过后台算法与用户友好型界面相结合,利用交易所上市基金(ETF)组建投资证券组合,并持续跟踪市场变化。

等。在企业应用中,基于业财融合的场景以企业 ERP、会计信息系统等产生的数据为基础,借助于深度学习,完成各类预警、评价和分析任务。

### (三) 数据挖掘与财务决策

传统的财务决策与分析评价大多采用了指标分析与评价的方法。实现的方式以专家系统为主,专家系统借助于已获得的财务经验对财务状况进行分析,辅助支持财务决策,并形成以方法库、模型库、数据库为基础的三库模式。对于经济环境相对稳定、决策变量相对固定的情况,专家系统发挥了很好的作用。从数据层面看,传统的决策基于结构化数据展开,常用的方法包括结构分析、趋势分析、比率分析、回归分析,分析的内容及框架相对固定。在经济环境日趋模糊、复杂、动态、多变的背景下,传统的决策技术与方法已经不能适应新的决策需求。决策的数据基础已经从结构化数据向非结构化过渡,决策的时效性要求从时点决策、时段决策转向实时决策,决策的方式从固定模式的决策转向动态模糊决策,决策的方法从自动化决策转向智能化决策。

深度学习在复杂决策过程中具有重要的作用。与大数据、分布式计算、边缘计算、商务智能、数据中台等相关技术的融合,不仅能够从海量的数据当中发现规则,而且更重要的是可以使机器自己推导出规则。这是深度学习支持决策最核心的含义所在。

## 四、深度学习对财务信息系统的影响

深度学习作为人工智能领域的一项重要技术,是帮助信息系统实现智能化的重要途径。从目前的应用现状看,深度学习的应用主要停留在单一的应用环节,并未形成系统应用、整体应用,智能财务信息系统建设仍停留在起步阶段。而深度学习技术的深入应用必将带给财务信息系统深刻的变化,主要体现在以下三个方面。

### (一) 实现从原始数据采集到凭证生成的无人化、自动化、智能化

现有的业财一体化系统能够实现凭证的自动化生成。凭证生成是基于规则预制的硬规则方式生成的,即事先根据给出的业务和凭证对应生

成规则,在满足条件的情况下自动由业务流程驱动财务凭证的自动生成。这种方法的优点是操作相对简单、规则清晰、易于实施,缺点则是需要稳定、严谨、清晰的业务流程规则和凭证生成规则。如果是在业务流程变化频繁、规则多样的情况下,则无法支持大规模、个性化业务的处理。对于快速发展的大型集团企业或新兴业态的企业而言,根据业务流程特征推导财务处理规则仍需要大量人工处理,系统的灵活性、适应性受到很大的限制。在此场景下,使用深度学习算法可以从企业业务流程特征自动推导凭证生成规则,并具备一定的学习和扩展能力,从而使得系统的适应能力得到显著提升,实现会计业务处理的无人化、自动化、智能化。

### (二)实现会计报告的智能化

智能财务报告的根本需求在于满足多样化、个性化的财务信息需求,深度学习技术能够有效地支持会计报告的智能化过程。

第一,从技术上看,智能技术成为主流。深度学习技术主要应用在三个层次:首先是感知能力,系统要能够感知环境变量的变化,能够及时捕获数据;其次是聚合能力,系统要能够在很短的时间内,聚合不同来源、异构系统的数据,并提供快速的响应;最后是用户交互和数据展现能力,系统要能够和用户形成友好的交互,能够学习用户的信息偏好和规则,能够提供个性化定制的信息,能够以直观的方式提供所需的报告。

第二,从内容上看,综合报告成为主流。综合报告本质上是一个整合框架,需要整合具有一致性、可比性的稳定常规报告,具有关联能力和鉴证能力的满足用户个性化需求的管理报告以及具有分析、预测能力的决策支持报告。三者应该是一个整合框架,向用户提供简约、有效的信息。报告的边界也将突破传统的围绕会计主体构建的局限,形成具有广泛联系的报告体系。

第三,从形式上看,动态实时报告成为主流。在云平台、大数据、区块链等技术的支持下,数据获取和聚合能力将显著提升,以此为基础的动态实时报告成为主流。报告的形式不拘泥于传统的结构化形式,更多的以图表、增强现实技术形式展现;报表的格式多样化和具有较强的兼容性。

### (三)实现财务决策和控制的智能化

财务信息系统的本质是一个决策和控制系统,在深度学习技术的支持下,财务信息系统可以有效支持决策和控制的智能化,构建基于智能技术的自适应控制循环 MAPE(Monitor-Analyze-Plan-Execute Control Loop, MAPE)模型。在感知(Monitor)环节,系统感知业务活动,自动捕获数据并完成信息加工;在分析(Analyze)环节,借助数据挖掘、模拟、推理、模式分析等技术和方法对数据和信息进行分析,评估对企业价值带来的影响和相应的风险程度;在决策(Plan)环节,采用深度学习算法并结合管理者偏好和意识情感给出具体的相应策略,并将之转化为计划;在执行(Execute)环节,借助智能终端和会计人实现具体的行为过程,实现对资源的优化配置、政策调整,并通过对管理活动的记录和观察,监督执行过程,完成过程控制,保证执行过程达到目标,完成绩效评价。四个环节循环迭代,并不断完成对规则的挖掘和优化。

## 五、深度学习算法应用的障碍和应注意的风险

深度学习算法在带来决策方式、方法变革的同时,其自身的应用还存在一定风险,需要引起足够的重视,主要有以下几个点:

(1)算法黑箱。深度学习从海量的动态数据中挖掘规则并帮助人们做出决策,但算法本身并没有解释现象和结果之间的因果关系,也无法清晰地解释决策的逻辑。海量的数据和复杂的推理过程让算法看上去更像一个黑箱,人们只能根据输入和输出的结果来判断决策的优劣,但无法得到清晰的算法逻辑。对解释事件的原因和本质存在一定的应用障碍。

(2)算法强制。深度学习算法如果不加干涉,有可能会由于循环迭代的刺激,而产生单向激励,从而出现所谓的算法强制问题,即在算法的驱动下,事务的决策向着单纯追求片面最优的方式发展。例如,在浏览相关视频内容时,反复推送单一的内容,排斥其他内容的出现;在外卖派单中,单纯地追求派单效率,而忽略人的生理极限和环境限制等因素。

(3)人机协同。在智能化环境下,人机不再是单纯的"输入-反馈"的关系,而是人机协同的关系。人机协同是指在共同的平台和系统支持下,人机处于相对平等的状态,以完成各类应用和操作。典型的应用场景如

使用机器人进行客户智能应答,并根据应答的情况确定是否激活人工服务等。在会计工作中,对系统过度依赖而带来对业务实质问题关注不够等问题也可能存在。

(4)算法伦理。算法也应该遵循一定的法律、法规和规则,包括隐私问题、安全问题,以及在智能化应用之后的人机关系问题等。特别是在一些国家和地区相继颁布数据安全法律、数据资产产权保护等相关法规的背景下,我们更需要关注算法的伦理问题、法律遵循问题等。

## 六、深度学习未来的应用和发展

深度学习作为一种算法,自身也在不断地更新迭代中,从未来的应用前景来看,深度学习将会获得更为广阔的应用空间。从应用环境来看,大数据环境的成熟和算力的提升将直接触发深度学习的广泛应用。从应用效果来看,深度学习将进一步引导系统实现从弱人工智能向强人工智能的过渡。弱人工智能更多的强调某一技术在系统中的应用,实现单一环节的智能处理,强人工智能将使得系统具备感知、识别情感的能力。深度学习一定会改变智能财务系统的构建模式,也一定会改变企业财务决策和控制模式。在不远的将来,深度学习也一定会从潜在的影响会计从业人员的技术走向前台,成为财务人员高度关注的技术之一。

# 二 基于法定数字货币的智能支付与结算

金源，中国会计学会会计信息化专业委员会委员

2021 年 6 月 7 日，由上海国家会计学院主办的"信息技术驱动行业财务变革"高峰论坛在沪落下帷幕。该论坛公布了 2021 年影响中国会计从业人员的十大信息技术，它们依次是：财务云、电子发票、会计大数据分析与处理技术、电子会计档案、机器人流程自动化（RPA）、新一代 ERP、移动支付、数据挖掘、智数据中台、智能流程自动化（IPA）。同时公布的还有 2021 年潜在影响中国会计从业人员的五大信息技术，它们分别是：深度学习与智能决策，基于法定数字货币的智能支付与结算，数据中台、业务中台与管理中台，分布式记账与区块链审计，数据治理和数据资产的管理与应用。

## 一、法定数字货币的定义

### （一）数字货币与法定数字货币概念区分

数字货币就是以数字的形式存在并给予网络记录价值归属和价值转移的货币，目前并没有统一标准。从实践上来看，广义的数字货币包括电子货币、加密货币、法定数字货币，如比特币、Libra 等。但是法定数字货币和其他数字货币还是有比较大的不同，因为法定数字货币是中央银行发行的数字货币，它是法币数字化的形态，而且法定数字货币是用国家的信用背书的，通常是由一个国家的中央银行发行。

### （二）数字货币的分类

数字货币的分类如表 1 所示。

表 1　数字货币的分类

| | |
|---|---|
| 法定数字货币 | 由国家发行的、法律承认主币地位的数字货币,如我国央行数字货币(DC/EP) |
| 私人的数字货币 | 由机构或联盟发行的,如 Facebook 推出的 Libra |
| 公有链上的数字货币 | 具有去中心化的特点,不依靠特定货币机构发行,而依据特定算法通过大量的计算产生。主要用于互联网金融投资,以及作为新式货币直接在生活中使用 |

## 二、我国央行发行的法定数字货币——数字人民币

### (一)数字人民币的研发背景

1)数字经济发展需要建设适应时代要求,建设安全、普惠的新型零售支付基础设施

数字经济的发展需要适应时代要求,在数字经济动能驱动下,中国电子支付产业经历了三个发展阶段。

第一阶段,银行卡时代。2002 年以前支付以银行卡为主,银行卡实现互联互通,中国支付行业的基础设施逐步建立形成。第二阶段,互联网支付时代。2002—2011 年,互联网支付开始兴起,中国人民银行在此期间也颁发了第一批支付牌照。第三阶段,2011 年至今,移动支付时代。快捷支付出现在移动支付端,二维码改变了线下支付和收款的方式,电子钱包的应用也在快速增长。

当前,中国经济正在由高速增长阶段转向高质量发展阶段,以数字经济为代表的科技创新成为催生发展动能的重要驱动力。数字经济新模式与新业态层出不穷,大数据、云计算、人工智能、区块链、物联网等数字科技快速发展。网上购物、线上办公、在线教育等数字生活形态更加活跃,数字经济场景覆盖不断拓展,线上金融的需求日益旺盛。

近年来,中国的移动支付快速发展,为社会公众提供了便捷高效的零售支付服务,助力数字经济发展的同时,也培育了公众的数字支付习惯。同时,经济社会要实现高质量发展,在客观上需要更为安全、通用、普惠的新型零售支付基础设施作为公共产品,进一步满足公众多样化支付需求。

2）现金的功能和使用环境正在发生深刻变化

随着数字经济的发展，我国现金使用率呈下降趋势。据 2019 年人民银行开展的中国支付日记账调查显示，手机支付的成交笔数、金额占比分别为 66% 和 59%，现金交易笔数、金额占比分别为 23% 和 16%，银行卡交易笔数、金额占比分别为 7% 和 23%。由此可见，公众对现金的依赖程度依然较高，同时，现金管理成本较高，其设计、印刷、调运等诸多环节耗费了大量的人力、物力、财力。

3）加密币特别是全球稳定币发展迅速

自比特币问世以来，私营企业推出各种所谓加密货币。据不完全统计，目前有影响力的加密货币已达 1 万余种，总市值超过 1.3 万亿美元。同时，加密货币多用于投机，它的存在是威胁金融安全和社会稳定的潜在风险，并且成为洗钱等非法经济活动的支付工具。一些商业机构的"稳定币"将给国际货币体系、支付清算体系、货币政策、跨境资本流动管理等带来诸多风险和挑战。

4）国际社会高度关注并开展央行数字货币研发

当前，各主要经济体均在积极考虑或推进央行数字货币研发。国际清算银行最新调查报告显示，65 个国家和地区的中央银行中约有 86% 已开展数字货币研究，正在进行实验或概念验证的央行从 2019 年的 42% 增加到 2020 年的 60%。根据公开信息，美国、英国、法国、新加坡等国央行及欧洲央行近年来以各种形式公布了央行数字货币的考虑及计划，有的已经开始甚至完成了初步测试。

## （二）数字人民币的定义

数字人民币是人民银行发行的数字形式的法定货币，由指定运营机构参与运营，以广义账户体系为基础，支持银行账户松耦合功能，与实物人民币等价，具有价值特征和法偿性。其主要含义是：

（1）数字人民币是央行发行的法定货币。一是数字人民币与实物人民币一样是法定货币；二是数字人民币是法定货币的数字形式；三是数字人民币是央行对公众的负债，以国家信用为支撑，具有法偿性。

（2）数字人民币采取中心化管理、双层运营。数字人民币的发行权属于国家，人民银行在数字人民币运营体系中处于中心地位，负责向作为指定运营机构的商业银行发行数字人民币并进行全生命周期管理，指定运营机构及相关商业机构负责向社会公众提供数字人民币兑换和流通服务(图1、图2)。

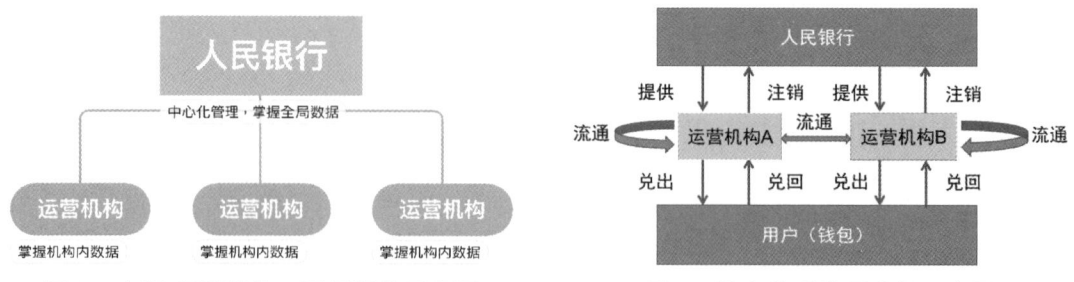

图 1　人行-运营机构　两层运营示意图　　　　图 2　数字货币流通路径示意图

（3）数字人民币主要定位于现金类支付凭证（M0），将与实物人民币长期并存。

（4）数字人民币是一种零售型央行数字货币，主要用于满足国内零售支付需求。央行数字货币根据用户和用途不同可以分为两种：一种是批发型央行数字货币，多用于大额结算，另一种是零售型央行数字货币，面向公众发行并用于日常交易。

（5）在未来的数字化零售支付体系中，数字人民币和指定运营机构的电子账户资金具有通用性，共同构成现金类支付工具。

## 三、数字人民币发展历史与途径

### （一）数字人民币的发展历程

2014—2016年，中国人民银行成立法定数字货币研究小组。2016年，人民银行搭建中国第一代法定数字货币概念原型，成立数字货币研究所，并于当年提出双层运营体系、M0定位、银行账户松耦合、可控匿名等数字人民币顶层设计和基本特征。在此思路框架下，经国务院批准，中国人民银行自2017年年底开始研发数字人民币，并且从2019年年末以来，中国人民银行遵循稳步、安全、可控、创新、实用原则，在深圳、苏州、雄安、成都及2022年北京冬奥会场景开展数字人民币试点进行测试，以检验理论可靠性、系统稳定性、功能可用性、流程便捷性、场景适用性和风险可控性。2020年11月开始，增加了上海、海南、长沙、西安、青岛、大连6个新的试点地区。

截至 2021 年 6 月 30 日，数字人民币试点场景已超 132 万个，覆盖生活缴费、餐饮服务、交通出行、购物消费、政务服务等领域，开立个人钱包 2 087 万余个、对公钱包 351 万余个，累计交易笔数 7 075 万余笔、金额约 345 亿元。

### （二）数字人民币运营体系的设计

根据中央银行承担职责的不同，法定数字货币运营模式有两种选择：一是单层运营，即由中央银行直接面对全社会提供法定数字货币的发行、流通、维护服务；二是双层运营，即由中央银行向指定运营机构发行法定数字货币，指定运营机构负责兑换和流通交易。

数字人民币采用的是双层运营模式。人民银行负责数字人民币发行、注销、跨机构互联互通和钱包生态管理，同时，审慎选择在资本和技术等方面具备一定条件的商业银行作为指定运营机构，牵头提供数字人民币兑换服务。在人民银行中心化管理的前提下，充分发挥其他商业银行及机构的创新能力，共同提供数字人民币的流通服务。具体来说，指定运营机构在人民银行的额度管理下，根据客户身份识别强度为其开立不同类别的数字人民币钱包，进行数字人民币兑出兑回服务。同时，指定运营机构与相关商业机构一起，承担数字人民币的流通服务并负责零售环节管理，实现数字人民币安全高效运行，包括支付产品设计创新、系统开发场景拓展、市场推广、业务处理及运维等服务。在此过程中，人民银行将努力保持公平的竞争环境，确保由市场发挥资源配置的决定性作用，以充分调动参与各方的积极性和创造性，维护金融体系稳定。一方面，双层运营模式可充分利用指定运营机构资源、人才、技术等优势，实现市场驱动、促进创新、竞争选优。另一方面，公众也已习惯通过商业银行等机构处理金融业务的双层运营模式。

## 四、数字人民币的特点

### （一）数字人民币的设计特性

数字人民币设计兼顾实物人民币和电子支付工具的优势，既具有实物人民币的支付即时结算、匿名性等优点，又具有电子支付工具成本低、便携性强、效率高、不易伪造等优点。其主要考虑以下特性：

（1）兼具账户和价值特征。

（2）不计付利息。数字人民币定位于 M0，与同属 M0 范畴的实物人民币一致，不对其计付利息。

（3）低成本。与实物人民币管理方式一致，人民银行不向指定运营机构收取兑换流通服务费用，指定运营机构也不向个人客户收取数字人民币的兑出、兑回服务费。

（4）支付即结算。从结算最终性的角度看，数字人民币与银行账户松耦合，基于数字人民币钱包进行资金转移，可实现支付即结算。

（5）匿名性（可控匿名）。数字人民币遵循"小额匿名、大额依法可溯"的原则，高度重视个人信息与隐私保护。

（6）安全性。数字人民币综合使用数字证书体系、数字签名、安全加密存储等技术，实现不可重复花费、不可非法复制伪造、交易不可篡改及抗抵赖等特性，并已初步建成多层次安全防护体系，以保障数字人民币全生命周期安全和风险可控。

（7）可编程性。数字人民币通过加载不影响货币功能的智能合约实现可编程性，使数字人民币在确保安全与合规的前提下，根据交易双方商定的条件、规则进行自动支付交易，促进业务模式创新。

### （二）数字人民币钱包矩阵

数字钱包是数字人民币的载体和触达用户的媒介。在数字人民币中心化管理、统一认知、实现防伪的前提下，人民银行制定相关规则，各指定运营机构采用共建、共享方式打造移动终端 App，对钱包进行管理并对数字人民币进行验真；开发钱包生态平台，实现各自视觉体系和特色功能，实现数字人民币线上线下全场景应用满足用户多主体、多层次、多类别、多形态的差异化需求，确保数字钱包具有普惠性，避免因"数字鸿沟"产生的使用障碍。根据不同的划分维度，数字人民币有四大类型。

（1）按照客户身份识别强度分为不同等级的钱包。指定运营机构根据客户身份识别强度对数字人民币钱包进行分类管理，根据实名强弱程度赋予各类钱包不同的单笔、单日交易及余额限额。最低权限钱包不要求提供身份信息，以体现匿名性设计原则。用户在默认情况下开立的是最低权限的匿名钱包，可根据需要自主升级为高权限的实名钱包。

（2）按照开立主体分为个人钱包和对公钱包。自然人和个体工商户可以开立个人钱包，按照相应客户身份识别强度采用分类交易和余额限额管理；法人和非法人机构可开立对公钱包，并按照临柜开立还是远程开立确定交易、余额限额，钱包功能可依据用户需求定制。

（3）按照载体分为软钱包和硬钱包。软钱包基于移动支付 App、软件开发工具包（SDK）、应用程序接口（API）等为用户提供服务。硬钱包基于安全芯片等技术实现数字人民币相关功能，依托 IC 卡、手机终端、可穿戴设备、物联网设备等为用户提供服务。软、硬钱包结合可以丰富钱包生态体系，满足不同人群需求。

（4）按照权限归属分为母钱包和子钱包。钱包持有主体可将主要的钱包设为母钱包，并可在母钱包下开设若干子钱包。个人可通过子钱包实现限额支付、条件支付和个人隐私保护等功能；企业和机构可通过子钱包来实现资金归集及分发、财务管理等特定功能。

人民银行和指定运营机构及社会各相关机构一起按照共建、共有、共享原则建设数字人民币钱包生态平台。按照以上不同维度，形成数字人民币钱包矩阵。在此基础上，人民银行制定相关规则，指定运营机构在提供各项基本功能的基础上，与相关市场主体进一步开发各种支付和金融产品，构建钱包生态平台，以满足多场景需求并实现各自特色功能。

## 五、数字人民币在智能支付与结算中的应用

### （一）数字人民币助力解决企业现金管理困局

与使用传统现金、网银、移动支付结算相比，企业使用数字人民币结算有四大优点：没有交易手续费；可以做到实时到账；交易即清算，可以实现无成本转账；解决没有网络信号下的收费问题。

1. 数字人民币实现现金收款的新模式

在当今社会中，对于很多类型的零售商（如杂货店和餐厅）来说，现金支付仍然占有一定的比重。消费者支付偏好调研报告显示，超过 1/3 的消费者仍会用现金来进行一些日常小额消费支付。

现金收款一直是许多商户的痛点。第一,存有大量现金不安全;第二,现金收款的收款信息无法自动关联到企业上下游业务单据等;第三,在小额高频支付场景下,依靠人工完成以上核对工作是极其困难的也是不经济的,实操过程中也往往会出现现金长款短款的现象。同时,现金对企业实时在线、对收款追踪、对资金状态一目了然都是很困难的。

这些问题通过数字人民币可以得到非常好的解决。无论是安全问题、找零问题,还是盘点问题,特别是它本身就是现钞的电子化,是可以结构化的数据。把这些交易、支付存入财务数据里,可以方便实现财务的统计和查询。

2. 数字人民币实现现金付款的新模式

付款方面的很多场景里都会用到数字人民币,如企业代发工资、代发津贴奖金。早在2020年4月数字人民币进行试点时苏州就利用数字人民币进行了公务员工资的发放。另外,我们关注到国内大的商旅平台已经开通了数字人民币功能,通过数字人民币和原来商旅平台的结合,可以实现企业商旅报销和费控结合一站式服务。

其他的各类消费场景,如教育医疗等大量用到数字人民币进行付款。这些支付往往会加载许多条件,如政府专项基金发放,政府专项基金一定要专款专用,可利用智能合约与数字人民币结合的技术实现风控,提高交易效率。

3. 数字人民币实现现金对账的新模式

现金对账一直是许多商户的痛点。财务需要进行现金实物盘点以及对账,十分不便捷。实物与财务账务的一一匹配在实际操作中也是无法实现的,对账只能做到余额核对,做不到明细核对。

这种情况下,应用数字人民币,可以非常好的解决现金对账问题,实现所有订单信息和收付款平台流水数据的自动获取,将这些数据进行自动匹配和自动核销,完成自动对账。并且对账工作做完以后,所有的对账和交易的信息可以自动导入企业的 ERP 系统或者会计核算系统中,自动入账,自动生成凭证。这样极大地简化了财务的工作量,极大地提高了财务工作的效率。所有这些数据,不像原来都是纸质的,它可以完全电子化地存储在财务和业务系统中,非常方便,可以实现电子化的财务管理。

## （二）数字人民币赋能企业现金高效管理

基于以上这些功能的应用，企业可以应用数字人民币提升现金管理效率。传统的现金管理数字化，其实是对银行存款进行数字化管理，现金做不到数字化和电子化，但是随着数字人民币的全面介入，在未来企业可以实现资金管理全方位数字化管理。

通过数字人民币可以实现现金理财，因为数字人民币可以实现交易即清算、实时到账，可以即时把这些资金转入理财账户进行理财。

在企业现金管理过程中，由于现钞的特殊性，企业往往不会实时进行缴存，而现金又是没有收益的，数字人民币恰好能够解决企业的这一痛点。数字人民币实时到账，收款后立马进入钱包。企业可按约定自动转入关联的结算账户。若购买银行"现金类"等理财产品，当天起息，可缩短企业现金闲置成本，协助企业提高资金收益率。同时，企业也可以实现现金风控管理，杜绝截留挪用的可能。

智能化系统的实施，最后还是要落到数据上，进行数据的赋能。数字人民币本身是现金电子化，所有的数据都可以以电子化的方式存储在资金系统、财务系统中，而且可以将其与业务数据打通，通过数据的分析做决策支持，为企业发掘更多的商业机会。

## （三）数字人民币加快推进会计档案电子化进程

对于会计从业人员而言，"一手管钱、一手管票"的模式已经延续百年，但随着信息化水平的提高，尤其是我国央行发行法定数字货币、电子票据（电子发票、电子回单）等技术的发展，这种模式正在发生革命性变化。数字人民币的出现相当于给传统财务管理插上了智能化和数字化的"翅膀"，很大程度上会将会计从业人员从机械重复的工作中解放出来。

据统计，基层会计从业人员70%的精力都花费在处理票据和核对数据上。而电子发票、电子回单以结构化数据和版式文件的形式存储，同时，具备计算机识别和人工识别的能力，可以提供智能的归集、查验、入账，在给会计从业人员减负的同时，还能提升管理效率和风险控制能力。新《会计档案管理办法》的颁布，更是进一步提供了电子归档的政策支撑，实现了财务的全流程电子化管理。

对此，相关专家也表示，电子发票和电子会计档案的推广与数字人民币具有相关性，电子发票与电子会计档案越来越受到政府和企业的关注。

财政部新颁布的《会计档案管理办法》突出了会计信息化应用和电子发票推广普及中涉及的会计基础工作的重点、难点问题，这也是数字人民币发展过程中需要重点关注和解决的问题。数字人民币的发展，涉及电子会计档案归档要素、总体方案、业务设计、安全架构以及安全技术保障等几个方面的内容，而在其操作层面，电子会计档案从档案数据采集、立卷归档到档案查阅、档案管理、档案利用等业务环节，都会影响数字人民币的应用与推广。电子发票和电子会计档案的推广，能够为数字人民币支付提供电子交易凭证，有利于数字人民币的流通和支付功能的实现。在企业经营活动中，可以以数字人民币形式进行支付，开具或取得以电子方式存储的电子发票，并形成企业电子会计档案存储。这种"全程"电子化会大大提高企业的经营管理效率和水平。

## 六、发展趋势

### （一）我国央行发行法定数字货币的目标和愿景

中国研发数字人民币体系，旨在创建一种以满足数字经济条件下公众现金需求为目的、数字形式的新型人民币，配以支持零售支付领域可靠稳健、快速高效、持续创新、开放竞争的金融基础设施，支撑中国数字经济发展，提升普惠金融发展水平，提高货币及支付体系运行效率。

我国央行发行三不定数字货币的目标和愿景主要有以下三点：

（1）丰富央行向社会公众提供的现金形态，满足公众对数字形态现金的需求，助力普惠金融。随着数字技术及电子支付发展，现金在零售支付领域使用日益减少，但央行作为公共部门有义务维持公众直接获取法定货币的渠道，并通过现金的数字化来保障数字经济条件下记账单位的统一性。数字人民币体系将进一步降低公众获得金融服务的门槛，保持对广泛群体和各种场景的法定货币供应。没有银行账户的社会公众可通过数字人民币钱包享受基础金融服务，短期来华的境外居民可在不开立中国境内银行账户情况下开立数字人民币钱包，满足在华日常支付需求。数字人民币"支付即结算"特性也有利于企业及有关方面在享受支付便利的同时，提高资金周转效率。

（2）支持零售支付领域的公平、效率和安全。数字人民币将为公众提供一种新的通用支付方式，可提高支付工具多样性，有助于提升支付体系效率与安全。中国一直支持各种支付方式协调发展，数字人民币与一般电子支付工具处于不同维度，既互补也有差异。数字人民币基于 M0 定位，主要用于零售支付，以提升金融普惠水平为宗旨，借鉴电子支付技术和经验并对其形成有益补充。虽然支付功能相似，但数字人民币和电子支付工具也存在一定差异：一是数字人民币是国家法定货币，是安全等级最高的资产；二是数字人民币具有价值特征，可在不依赖银行账户的前提下进行价值转移，并支持离线交易，具有"支付即结算"特性；三是数字人民币支持可控匿名，有利于保护个人隐私及用户信息安全。

（3）积极响应国际社会倡议，探索改善跨境支付。社会各界对数字人民币在实现跨境使用、促进人民币国际化等方面较为关注。跨境支付涉及货币主权、外汇管理政策、汇兑制度安排和监管合规要求等众多复杂问题，也是国际社会共同致力推动解决的难题。货币国际化是一个自然的市场选择过程，国际货币地位根本上由经济基本面以及货币金融市场的深度、效率、开放性等因素决定。数字人民币具备跨境使用的技术条件，但当前主要用于满足国内零售支付需要。未来，中国人民银行将积极响应二十国集团（G20）等国际组织关于改善跨境支付的倡议，研究央行数字货币在跨境领域的适用性。根据国内试点情况和国际社会需要，中国人民银行将在充分尊重双方货币主权、依法合规的前提下探索跨境支付试点，并遵循"无损""合规""互通"三项要求与有关货币当局和央行建立法定数字货币汇兑安排及监管合作机制，坚持双层运营、风险为本的管理要求和模块化设计原则，以满足各国监管及合规要求。

### （二）未来展望

在《中国数字人民币的研发进展白皮书》中，中国人民银行表示，未来会继续稳妥推进数字人民币研发试点，重点做好以下几个领域的工作：一是继续稳妥有序推进研发试点工作，二是研究完善相关制度规则，三是加强重大问题研究。

在可见的未来，数字人民币与商业银行账户存款、第三方支付账户余额将长期并存。这是因为，一方面，近年来银行间支付清算系统（如大小额支付系统和网上支付跨行清算系统等）、商业银行行内系统以及第三方支付机构等支付系统的持续完善,较好地满足了经济的发展需要。因此,中国人民银行旨在用数字人民币替代M0。如用数字人民币替代M1和M2,既不会提高支付效率,还会造成现有系统和资源的巨大浪费。例如,第三方支付交易方式已经占据小额零售支付市场99%的份额,目前仍在不断进行场景拓展,该交易方式不仅满足了经济发展的需求,还培养了人们的支付习惯,数字人民币直接替代第三方支付的意义不大。另一方面,在金融服务覆盖不足的地方,人们无法享受到商业银行服务或第三方支付服务,而对现金的依赖度仍然很高。数字人民币所具备的携带安全、双离线支付等特点可以很好地解决该类人群在使用现金过程中的痛点,可满足他们对数字人民币现实的需求和期待。

此外,智能合约未来将会是数字人民币应用中非常重要的技术。智能合约具有透明可信、执行自动化、履约强制性的优点,而数字人民币具备可加载智能合约的属性。智能合约与数字人民币结合后,可应用于按约定条件支付、按约定时间支付、同时存在多个合约关系等常见场景。数字人民币与智能合约结合后能够解决非常多的现实问题,如三方资金信任问题、贷款定向用途问题、定向用途拨款使用问题等。相信未来数字人民币风险防控体系会更加智能,可以为全社会提供更加普惠智能的支付服务。

## 七、数字人民币与会计工作

### (一)数字人民币设计需要考虑企业财务管理需求

资金不仅应该集中管理、集中调拨,更应该存在银行里,需要支付时直接从银行账户中支出。这次中国人民银行充分意识到企业财务管理的需要,专门设计了对公钱包的母子钱包,并且有资金归集和分发、会计处理、财务管理等功能。这样的话,对公母子钱包实际上就有账户关系性质,这种创新非常值得称赞。其他许多关于法定数字货币的设计就缺乏像这样深入的思考。

此外,企业资金管理中结算效率和财务成本也十分重要。尽管数字人民币目前还处于试点阶段,没有很多的公开数据,但在中国人民银行发布的《中国数字人民币的研发进展白皮书》提到,试点用户普遍认为数字人民币有利于进一步提高支付效率、降低支付成本,社会公众、小微商户、企业切实感受到了数字人民币的便利和普惠。

## （二）数字人民币的应用对会计工作的挑战

1. 对于会计核算来说是一种全新的支付方式

数字人民币跟传统的现金存在比较大的差异。当企业使用数字人民币进行结算时,会计核算的方式以及会计核算的流程都要根据新的规则进行更新,这对会计核算来说是非常大的挑战。

2. 对企业内部控制的挑战

原来管现金是实物资产管理,需要进行实物盘点。当企业使用数字人民币进行结算以后,内部控制环节就从实物盘点变成信息资产的管理。此时,资金的安全性以及企业内部控制的规则和内部控制的流程设计,都会面临一些新的挑战,需要有新的规则来应对这样的挑战。

3. 对企业资金管理的挑战

企业使用数字人民币进行结算以后,所有信息流都是电子化的。此时,企业需要把资金信息、交易信息、物流信息等多种信息进行融合。只有把这些信息匹配起来,才能把数字人民币用好。

4. 对会计技能的挑战

数字人民币的应用会给会计从业人员带来更多的思考与紧迫感。智能化、数字化的快速发展带动会计行业质的飞跃和变革,会计界的中、低端业务已慢慢被智能化取代,这个问题所表现的两面性是:一方面,大大减少了会计从业人员的工作负荷,另一方面,中、低端层面的会计从业人员的工作岗位将被人工智能所替代,如何提升大量基层会计从业人员的技能或帮其实现转型,以及会计专业教学如何调整方向,已是当前会计界需要考虑的问题。

5. 对企业信息安全技术的挑战

企业需要建立安全的标准体系,确保数据采集以及数据使用的规范统一。

### （三）数字人民币应用后会计工作面临的机遇

对会计工作来说，数字人民币的应用是挑战更是机遇。应用数字人民币后，会计工作的效率会得到极大地提升，无论是对资金管理，还是对风险管理，都会极大地提高工作效率。它可以实现现金电子化，企业现金管理的准确性会得到极大地提升。

应用数字人民币可以推动企业实现财务管理的电子化和智能化。数字人民币的应用可以让资金管理实现全面电子化，有助于推动整体智能财务体系的建立，可以降本增效；数字人民币支付结算是一种没有交易成本的支付方式，可以提升各方面的收益。我们要以积极的态度去拥抱数字人民币，推动财务数字化转型，实现会计工作价值的提升。

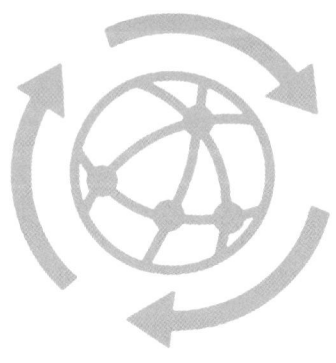

# 打造中台服务　提升管理能级

谷峰，百联集团

这些年中台的概念非常流行。由于在互联网行业被首先提及和应用，很多人把中台理解为是某种信息数字技术实现的中间层，属于信息技术范畴，其实中台是一个管理学的概念，中台在各行各业的普及和应用，将是企业管理实践在移动互联网时代、大数据时代的一次管理变革。

## 一、中台的历史发展

### 1. 中台产生的背景

中台的发展与互联网通信技术、数字化技术的发展密切相关，不仅是因为中台最先在互联网行业应用，而且更重要的是因为互联网尤其是移动互联网拉近了企业与市场的距离，使得原先企业内部管理效率与外部市场变化之间的矛盾更加突出。因此，需要找到一种全新的管理解决方案，因而中台的概念应运而生。回顾通信与数字技术在互联网行业的发展历史，有两个基本的发展特点促成了中台的诞生。

通信与数字化技术在互联网行业发展的第一个特点是，它们从较短的产业链逐步向较长的产业链发展。通信与数字化技术最先在综合类门户网站应用，如早期的雅虎、新浪、网易等数字媒体，以及各类垂直类数字网站，如易车网、汽车之家等汽车类垂直网站。它后来逐步应用到各类电商，包括平台类电商和自营类电商，最典型的如淘宝、京东，再应用到金融行业，如这些年非常热门的 Fintech，利用金融科技大幅度提高金融行业面向用户服务的能力。通信与数字化技术应用又从线上发展到线下的实体商业零售和服务行业并现在又开始向制造业进军。回顾这一过程，它的基本脉络是从早期的产业链比较短的行业向产业链比较长的行业发展。当技术应用到产业链比较短的行业时，如各类门户网站，从采编到呈现给用户的环节少，整个产业链与市场的距离也就比较近，企业面对市场变化的反应也比较快；当技术逐步应用到产业链比较长的行业时，尤其是复杂的制造业，产品生产的环节多，整个供应链的环节和数量也比较多，管理更加复杂，针对市场和用户变化的反应时间会越来越长，这就会导致原来在后台的或者企业端的、供应链上支持的一系列流程和管理体系的效率无法适应市场的迅速变化。对市场的及时反应是互联网企业所一直追求的。比如，门户网站从自己采编发展到用户自产自销的模式，以及互联网行业流行的"迭代"开发模式也是为了将产品和服务迅速推向市场，然后再不断迭代改进。

通信与数字化技术在互联网行业发展的第二个特点是，技术的应用从单一的产业应用向多元化的、生态化的方向发展。随着市场环境的变化，用户需求越来越多元化，一部分互联网企业希望给用户提供一站式的产品和服务体验，所以它们在自身业务规模扩大的同时也在向业务多元化方向发展，并且通过上下游的产业链以及资本的渗透，逐步建立起自身庞大的生态圈。而那些固守自身单一业务，无视用户需求多元化的互联网企业，在竞争中逐步落伍甚至被淘汰。例如，阿里巴巴，它已经是个无所不包的巨型企业，早已不是简单的面向B端和C端的电商平台，而是几乎涉及所有的行业，并且提出了"新零售"的概念，甚至开始向制造业进军（如犀牛制造）。又如，谷歌，今天的谷歌除了在搜索广告领域独占鳌头，也在做硬件，如Chromebook笔记本电脑、谷歌HOME的各种家居电子产品等，并且它通过安卓系统建立了广泛的生态联盟。这些企业在不断拓展自己产业和生态边界的同时，原来企业的组织机构、内部流程、供应链管理、客户关系管理等方方面面的管理体系已经无法支持它们应对迅速变化的市场，这极大地影响了管理效率和用户体验。谷歌在搜索领域以速度快和精准制胜，但面对多元化的产品和服务，以及极其庞大的生态系统，如何统领这支队伍去应对千变万化的市场，也成为谷歌的巨大管理挑战。事实上，谷歌在进军硬件产品时就已经遇到了很多失败的案例。

### 2. 中台产生的过程

不管产业链的长短如何也不管企业运营多么复杂,用户将选择那些能够提供更好的产品和服务体验的企业。管理效率成为企业在竞争中胜出的关键。

传统企业管理,一般分为前台管理和后台支持。前台管理是面向市场和用户的企业界面,最典型的就是销售、售后、品牌等;后台支持是企业内部支持前台部门的各种协作功能,如财务、人事、采购、研发、行政等。前台管理面对的市场是千变万化的,而后台支持则是相对稳定和固化的。前台的变化和后台的相对不变化形成了一对矛盾。在通信和数字技术化不发达的年代,由于信息的相对闭塞,市场变化没那么快,传递到企业的速度也没那么快,因而前台与后台相对稳定的支持机制之间的矛盾没那么突出,企业甚至可以凭着一种产品就活得很好。绝大部分时间里,企业的后台支持部门不需要去研究前台部门的需求。产品如果生产出来,前台部门去销售就行了。那是一个"以产定销"的年代。

互联网背后的通信和数字化技术的进步改变了这一切,它促成了市场和用户的快速变化,也把企业的后台支持部门与市场的距离空前拉近。这是一个"以销定产"的年代。现在我们已经看到很多传统上 2B 的企业也逐渐在向 2C 的企业转型,希望能直接面向用户,获取市场信息和用户最直接的反馈,从而更好地促进企业的发展。其中的代表就是汽车企业,它们传统上是典型的 2B 行业,虽然是最终用户在购买和使用汽车,实际上整车厂却从来不直接面向终端用户销售汽车,汽车是从整车厂卖给经销商,也就是 4S 店,经销商再卖给 C 端的最终用户,汽车的售后维修和保养服务也是由 4S 店来承接的。庞大的 4S 店网络就像是一个巨大的蓄水池,把市场的变化和整车企业相对固化的研发和生产流程之间的直接矛盾隔离开了。但是我们看到,现在越来越多的汽车公司宣布向服务型企业、向用户型企业转型,开始直接面向用户。尤其是现在大家看到的新势力车企,它们以新能源汽车产品切入市场,以直营销售的模式对接用户。传统整车企业每年召开经销商大会,通过经销商来获取市场订单和用户反馈,而新势力车企每年召开用户大会,直接倾听市场的声音。

随着越来越多的企业向用户型企业转型,直接向终端用户提供产品和服务,即使是产业链上本来只能 2B 的供应链企业也面临着下游面向市场企业的拉动,也需要适应这种快速的变化,否则就会被淘汰出局。这里就对传统的企业前后台管理提出了挑战,暴露了传统上被掩盖的前后台之间不协调的矛盾。即使是那些本来就是 2C 的企业,也由于信息时代用户的快速变化,用传统的企业组织机构、工作流程和业务功能也无法适应。C 端的市场千变万化,就像是汹涌的大海,企业甚至要做到千人千面,也就是希望给每一个消费者量身定做一个产品、一项服务,才能最大限度满足个体差异化的需求,在竞争中保持优势。在这种情况下,原先企业相对比较固化和比较程式化的体系没有办法直接应对 C 端的千人千面,中台的功能就应运而生。

中台其实就相当于汽车上的自动变速箱(图 1),市场的变化是汽车飞速行驶、忽快忽慢的轮子,企业的运营支持部门则是具有稳定功率和转速的发动机。发动机稳定的转速和汽车不断变化的轮速之间需要有一个缓冲和变速匹配的结构,否则企业的运营管理就无法与用户进行对接。这就是企业中台的功能。中台就是企业直接面对市场,解决前后台矛盾,使得企业适应市场迅速变化的一个管理解决方案。

后台:市场变化　　　　　　　　中台　　　　　　　　后台:企业运行

灵活多变　　　　　　　　　　　　　　　　　　　　稳定有序
千人千面　　　　　　　　　　　　　　　　　　　　流程技术

**图 1　中台相当于汽车的自动变速箱**

凡是具有这种衔接、过渡和缓冲的功能设计都可以成为企业管理上某种类别的中台设计,因此,在实际运用中,发展出了各种各样的中台服务,但总体而言分为三种:

（1）数据中台。它是一种将业务数据化，通过数据采集、数据治理等技术把数据转化为企业的资产，并用数据资产反哺业务运营的共享服务平台。数据中台最终要能实现用数据驱动运营和支持决策。

（2）业务中台。它本质上是一种针对业务提供标准化服务的共享平台，把面向客户的各业务条线共通的服务标准化，打破不同业务功能重叠、条块分割的状态。

（3）管理中台。它是指向企业内部管理的共享服务平台，把职能条线的管理支持服务通用化、平台化，以提高管理效率、降低管理成本。财务条线现在流行的财务共享中心就是一种典型的管理中台。

数据中台以数据为中心，业务中台以客户为中心，管理中台以员工为中心。企业所构建的各种中台，可以说都是基于这三种分类，目的都是对外提升用户体验、对内提升管理效率。

3．中台的基本特点

中台产生的时间并不长，它的概念和内涵在进一步发展，但还是可以看到它有如下几个特点。

1）规则统一

规则统一就是中台提供的各种功能和服务要有清晰明确的规则定义，否则不能成为中台。由于中台是联结前后台的变速箱，这个变速箱应该是一个"明箱"而不是"暗箱"，前后台各自不同的规则和理解要在中台上实现统一，才能被前后台广泛认可和接受。比如，每年企业在全面预算管理上都要花费大量的时间，财务部门可以把全面预算管理发展成为一种管理中台，从而提高全面预算工作的管理效率。其中最基础的工作是对预算科目的定义和理解要一致。企业在实际的预算工作中做得不好的一个基本原因是，预算的会计科目没有定义得很清楚。参与预算工作的人主要是根据预算科目的名称想当然地解释这个科目。比如，差旅费。差旅费是否包括交通费、是否包括住宿费、是否包括出差途中的餐饮费等，都需要进行明确定义。这里面没有对错，关键是理解要一致，后续的预算管理工作才能有效开展。因此，对于各类中台的服务和功能，要用完整清晰的规则和定义保证使用人理解上的一致，这样才能真正发挥出中台的作用。

2）模块化

好的中台服务应该是模块化组织起来的，也就是把复杂的应用服务，通过分割、组织，重新打包为一个个简单的标准化服务模块。各个模块之间相对独立，单个功能模块可以独自进行调整、修改，不同模块又可以进行组合，以生成更加复杂的中台服务。好的模块化中台服务，也可以简单化对使用人的专业知识要求，使用人不需要相关功能的专业背景和知识。比如，在家庭装修领域，企业要向客户展示平面布置和效果图。以前只能是专业设计人员用专业的设计软件花费比较多的时间进行制图，才能向用户进行展示；现在通过模块化的设计软件把这种专业的制图工作简化，并变成一种SaaS模式的中台服务，前台使用人只要简单学习，就可以向用户及时进行平面设计和效果展现，可极大地提高客户现场的用户满意度。20世纪90年代的计算机操作系统以微软的DOS操作系统为主，这是一种靠输入操作指令来进行人机交互的系统，不仅界面不友好，而且需要记住大量的专业操作指令。后来发展出的Windows系统，它是一种图形化、模块化的操作系统，极大方便了普通用户的使用，成为台式机时代一统天下的电脑操作系统。好的模块化中台服务，就像搭积木的组件，不同的积木组件有各自的造型和功能，组合在一起又可以根据需要形成更加复杂的积木造型。

3）共享化

共享化要求中台提供的服务在可用的范围内最大限度的规模化使用。国内有很多中台服务建设走在前面的企业，会把企业原先内部的中台管理服务转化对外提供服务的SaaS模式。比如，财务部门每个月花费大量时间整理分析的各种报表以及相关的管理分析报告。除了按要求向功能条线进行提供，如果能把各类报表的展示和分析转化成为一种中台服务功能，让所有的报表使用者都可以在权限内进行及时查询、了解，必然可以提升企业在经营管理和预算管理上的实际效果。很多企业的报表尤其是管理报表共享的范围是很小的，制约报表进行更大范围使用的很重要的原因是报表的格式和内容是为了满足特定的要求临时做的，不具备通用性从而也无法共享化使用。有些企业虽然也有所谓的管理驾驶舱的服务功能，但也没有发展成为中台服务。其实企业里有大量的信息服务、支持功能和管理服务可以通过中台化打破原来的职能部门条块分割的状态,从而提高企业的管理能级和效率。

4）可复制

可复制包含两层意思:一是某类中台服务从形式到内容的简单拷贝,也就是把成熟的中台服务不断地向外推广,甚至可以拓展出企业的边界范围,被其他企业学习采纳和使用;二是可复制更多的,是指中台功能核心理念和框架的可复制,也就是某种中台服务功能一旦建立,该项功能的核心设计思想是不变的,并可以以此为原型进行复制,去解决其他类似的前后台矛盾问题,从而可以提高中台建设的效率。中台的建立是为了把前后台的变与不变联结起来,所提供的服务也是在各种领域技术和管理经验的积累和提炼。复制可以快速推广某种中台服务功能。中台也是柔性的,但中台解决问题的核心理念应该是简单可复制的,是"以不变应万变"的管理理念的应用。

5）迭代性

中台服务本身不是一成不变的。随着数据积累,随着使用中问题的发现,不断地迭代改进中台上所涉及的模块和提供的服务,每一次迭代的结果又成为下一次迭代的开始,从而使得中台提供的服务不断逼近更加完善的状态。迭代是中台服务的不断进化,传统解决问题的方案大多是在比较确定的环境中进行的,从而方案的设计可以有比较明确的边界和比较充分的时间来进行。但是在移动互联网的大时代背景下,组织所面临的外部环境变化非常快,如果采用传统解决问题的思路,可能某种中台服务来不及推出就被淘汰了。因此,中台迭代开发的理念非常重要,要快速试错、迅速推出,在使用中倾听用户的反馈并且不断改进服务。

4.中台未来的发展趋势

"天下大势,分久必合,合久必分"。实践中之所以产生中台,是为了解决前后台管理不同步的问题,发展出充当变速机构的中台服务。前台要轻、灵活、好使用、便利,面向用户使用的体验要好;后台很多的服务和功能要逐渐中台化,也就是把原来企业后台支持性的各项功能逐步转移到中台上来,以改变原有后台服务的固化、不及时和不灵活。在发展过程中,中台从无到有,逐步扩展,中台不断变大,也就是所谓的大中台服务;

而后台随着功能和服务转移到中台,后台会逐步变小。从最终的发展方向来看,固化的、不灵活的后台将逐步消亡,而适应前台的、灵活的、不断扩展的中台将取代后台,未来企业的运营管理将变成前台和中台;或者说又回到前台和"后台",只不过这个"后台"是"中台化"的后台,具备中台的所有特点,是否定之否定的后台,这个后台本身就是一个变速机构,可以直接适应前台的变化(图2)。

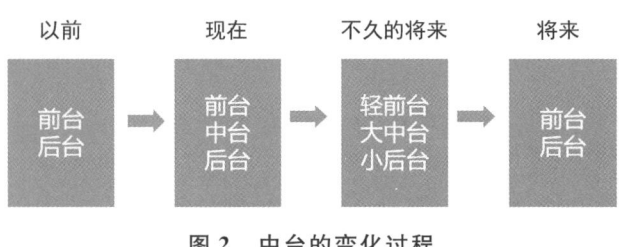

图2 中台的变化过程

## 二、财务中台

财务中台是企业的管理中台,它的立足点是为企业管理服务,它以数据中台为基础,对接业务中台,满足用户小批量多频次的需求。传统财务部门提供的服务是线性的。每一次业务或者服务的处理从开始到结束是以会计凭证为线条前后串联的方式,一旦中间有任何问题的产生,处理流程就会中断,从而阻碍整体业务的处理或服务的进行。财务中台的出现是对传统职能型财务的一次管理变革,一方面,它可以把财务人员从大量简单、枯燥的凭证和账务处理中解放出来,有更多的时间和工具去进行业务分析和运营支持;另一方面,它通过把各种会计和财务功能封装为一个个服务支持模块,由用户在中台上进行自由调用和重构,满足用户不断变化的即时需求,极大地提升财务服务功能的用户体验。

1. 形势变化对财务管理的影响

1)快

快说的是及时性。面对快速变化的市场,财务要能把所做的工作结果迅速提供给使用方。比如,财务报表,企业一般是一个月结一次报表,一个月是 5 日之前结还是 10 日之前结或者需要更长时间结,要视每家企业的管理规模和管理水平。上市公司年报披露法定日期为 4 月 30 日之前,即用 4 个月结一张报表。面对变化的市场,如果报表的使用者根据这样的信息来进行经营管理决策和投资决策,是完全不能接受的,财务存在的价值就会大打折扣。

2)深

深说的是企业经营所涉及的数据量巨大,包括内部数据、外部数据,结□□□构化数据。会计记账的一个基本假设是经济事项可以用货币计量,□□□□用货币进行价值衡量的经济事项才可以在报表上反映。但是分析一□□□□营状况,分析一个企业的发展,仅仅依赖用货币可以计量的经营数据□□□□□□□。比如,企业的人力资源价值,这种无法用货币计量的企业资源,恰□□□□□□□□□核心能力。"一只南美洲亚马孙河流域热带雨林中的蝴蝶,偶尔扇动几□□□□□□□两周后引起美国德克萨斯州的一场龙卷风",由于技术的发展,企业□□之间的联结越来越紧密,受到的影响也越来越大。财务分析如果能更多地搜集与企业经营相关的各种信息,把方方面面的数据,包括结构化、非结构化的,内部、外部的数据集成在一个分析框架内进行分析衡量,就可以让管理人员、决策者基于这些更加宽广深入的多维数据分析做出更加科学的决策。

3)宽

宽说的是企业经营业务和模式的多元化。需要建立中台服务的企业,都需要一定的经营规模,从而业务、商业模式一般是多元化和多样性的。以商业零售行业的企业为例,它们表面上看都是一种对上游批发,对下游零售的渠道业务,但是运行模式的确是各不相同,经营侧重也有特点。其中的业态千差万别,有奥特莱斯(品牌折扣店)、百货店、购物中心、标准超市、大卖场、便利店,还有线上的各种零售业态。财务部门在做财务管理和分析时,必须要针对每一种业态特点进行分析,包括利润构成、成本费用、预算制定等方方面面,要花费大量的时间和精力。对跨多种行业经营的企业的财务分析非常复杂。财务分析面对如此宽泛和多元化的业务及各种商业模式,提供有价值管理和分析,挑战是非常巨大的。

4）广

广说的是地域上的广，经营上的跨地区经营和管理。随着规模的扩大，越来越多的企业跨地域经营，不仅产品和服务的提供跨地域，供应链以及市场早已在更大范围内进行统筹和配置，甚至是全球化的。尤其是随着互联网技术的发展，跨地域的生态建设早已不成为问题，渠道网点的布局、功能定位的布局、供应链的布局、其他生态合作伙伴的布局，都可以在线上进行。财务管理必须考虑支持跨地区、跨省、跨国甚至跨洲际的发展，包括这次疫情所带来的更多的非现场办公。这些对财务管理的挑战都是非常巨大的。要研究把各种共性服务和管理抽取出来，变成一个中台，在中台上进行统一管理，比如，通过共享服务中心，把通用性的功能抽取起来，那么效率提高了，成本也就下降了。

5）预

预说的是预测。对财务管理来说，有预见性其实是最重要的。财务会计是对发生的经营事项进行记录，而经营管理要能够基于财务的分析和数据，预测未来可能发生的事情，从而让经营决策有更好的前瞻性。以地图导航为例，地图导航的发展分成三个阶段：第一阶段，告诉你如何从 A 点到 B 点。如果有多条路可以选择，地图就会标示出来，那么它的任务也就结束了。第二阶段，增加了即时路况功能，可以把当时的路况告诉你。如果现在去，有几条路可以选择，其中哪些路有拥堵，哪些路拥堵少。第三阶段，增加了预测功能。它可以告诉你各条路在你未来经过时的路况，从而让你可以提前进行路线精准规划。由此看出，地图导航第三阶段的预测最重要，体验最好。现在很多人使用导航，不是不知道路怎么走，而是不知道哪个时段哪条路更好走。从财务管理角度来说，"预测"是财务管理最大的价值。财务是与数据打交道的，要让数据产生"预测"的价值。

2. 财务中台建设的原则

1）高度

高度是指财务中台是企业级战略，它对接企业的数据中台和业务中台，必须要在公司层面进行总体规划。财务中台的数据要与企业总体的各类数据打通。因此，财务中台在数据技术的应用、数据治理和分析等各类数字化技术和管理上要与数据中台完全统一，这样财务中台才不会变为另外一个版者中台外衣的管理"孤岛"。

2）力度

力度是指企业要有打破原有的组织体系，打破原有部门壁垒的决心。财务中台的建设其实是对传统组织架构的扬弃。组织架构的发展经历三种模式：第一种是传统的金字塔层级模式。一级向一级汇报。第二种是矩阵式管理模式。随着组织业务复杂性的提高，规模大、业务复杂的公司逐渐采用第二种模式，也就是在传统纵向的汇报层级上，加强了横向的协同管理。第三种是通过中台功能的建设，对企业组织体系发展进行再造的组织管理模式。企业依托于强大的中台服务功能，打破科层组织和横向壁垒。企业的员工，不分层级，在管理上只与中台对接，中台将成为强大的资源赋能平台，同时，员工也直接对中台进行各种输入，真正实现扁平化管理。中台的建设，对未来企业的组织再造有非常重大的意义。

3）深度

深度是指一个好财务中台，要对企业业务有深入的了解，要基于业务进行财务中台的建设，不能闭门造车，也就是要有深度的业财融合能力。

4）抽象度

抽象度是指财务中台要打造一个对接前台、联结后台、横跨部门又具有灵活性的服务功能，要能把各种繁杂业务的共性化属性抽象出来，形成共通的中台服务。否则财务中台又会变得零散、琐碎和复杂，这样就会失去中台存在的意义。

3.财务中台建设的方法论

1）复杂问题简单化

企业在日常经营过程中要解决各种各样内外部的复杂问题，要善于把复杂的问题分解成一个个简单的小问题。

2）简单问题标准化

把简单的问题进行标准化，也就是实现同类问题的定义统一、规则统一、处理方法统一。

3）标准问题流程化

把标准化后的解决问题方法形成具体的管理操作流程，并配以相应的管理工具，告诉或培训用户按流程走，使用相应的工具就能解决问题。

4) 流程问题迭代化

中台提供的流程性解决方案不是一成不变的,也要随着内外部环境的变化不断优化迭代解决问题的流程。

通过上述方法,可以对企业的各类财务问题进行总结、概括和抽象,并把有条件的解决方案中台化,也就可以不断扩大财务中台的服务范围。

## 三、结语

万物互联的大数据时代,建立财务中台,目的是把数据的输入、处理、分析和展现进行集成,最大化实现财务的管理和预测价值,从而让决策有依据,使组织可计算。未来企业的决策不能仅依赖决策者的经验和有限的不及时数据,财务中台要依托数据中台,让企业各层级决策者,包括一线的员工,在做经营决策时有扎实的数据分析基础。组织是跟人打交道的,人的行为具有一定的不确定性,组织如何依据海量的数据分析,通过分析人的行为,通过分析业务,把人为的不确定性变成可预测的确定性,使组织的行为和决策成为能够通过数据分析和计算进行逻辑和关联度上推导的结果。

让决策有依据,使组织可计算,将是财务中台建设的最终目标。

# 分布式记账与区块链审计

吴忠生,上海国家会计学院

2008 年,中本聪(Satoshi Nakamoto)创造性地提出了比特币的构想并付诸实践应用。中本聪期望通过比特币来构造一种新型的电子现金系统,以实现货币发行和流通的去中心化。尽管在过去的十余年中比特币饱受争议和质疑,但是至今在市场上它仍有不少拥趸,比特币的价格也从一开始的无人问津上涨至曾一度超过单价 6 万美金。这是一个令人瞠目结舌的价格,未来的价格也走向不明,可能会变成一地鸡毛,也可能会再创新高。而支撑比特币运行的正是区块链(Blockchain)技术。本文的重点不在于讨论比特币及其价值,而在于探讨区块链技术如何赋能审计信息化。

## 一、区块链审计研究和应用概况

在中国知网数据库中,以"区块链"为关键词进行查询,时间范围为 2008 年至今,查询结果如图 1 所示。2013—2015 年,与区块链相关的文献数量一直处于较低水平,具体的数据是:2013 年 1 篇,2014 年 2 篇,2015 年 15 篇。从 2016 年开始,越来越多的专家学者投身区块链相关研究,2020 年区块链的相关研究成果已经超过 6 000 篇。此外,中国知网预测 2021 年区块链相关文献将超过 7 000 篇。

同时,在中国知网数据库中,以"区块链"和"审计"为关键词进行查询,时间范围为 2008 年至今,查询结果如图 2 所示。相关文献总数为 110 篇,尽管与区块链文献数量不是一个量级,但也呈现出了上升趋势,2000 年中国知网上区块链审计相关的文献有 47 篇,中国知网预测 2021 年将达到 60 篇。

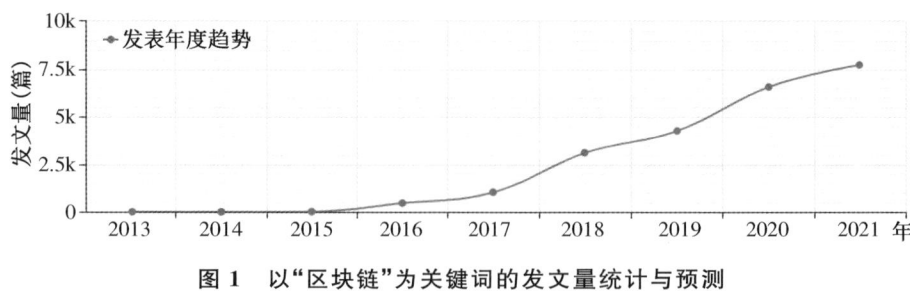

**图1 以"区块链"为关键词的发文量统计与预测**

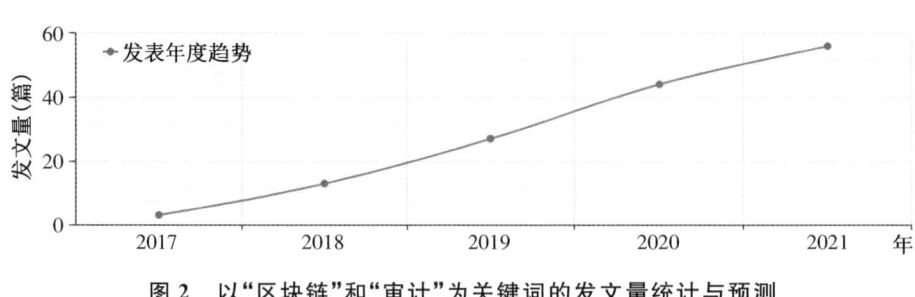

**图2 以"区块链"和"审计"为关键词的发文量统计与预测**

在已有的区块链审计相关文献中不乏探讨区块链审计的佳作,如高廷帆和陈甬军(2019)、刘杰等(2019)、徐超和陈勇(2020)、颜涵(2020)等。已有的研究普遍认为基于去中心化(多中心化)、防篡改、可追溯等特点,区块链技术能够提升审计数据的可靠性,从而提高审计质量和效率,进一步提升审计行业的自动化率。在区块链技术如何影响审计行业方面,高廷帆和陈甬军(2019)认为区块链代表的分布式信息记录方式将改变已有的复式记账所代表的中心化信息交互方式,中心化信息记录方式中信息的记录成本较低,但识别成本却相对较高,而分布式信息记录方式则恰恰相反。结合产业演化理论,区块链技术不仅将会在审计流程带来改变,而且会对当前审计行业的商业模式带来变革。刘杰等(2019)认为区块链审计通过收集区块链数据,进行数据分析,并依据审计数据分析报告进行扩展取证,能够改善审计需求增长与审计供给非均衡发展之间的矛盾,是审计作业模式的一种创新,但它并没有改变审计的本质,也并不是审计内容的创新。徐超和陈勇(2020)通过剖析区块链技术在审计中的应用逻辑,认为区块链技术下审计数据质量可靠性将加强,各审计关联主体可以进行跨组织工作流程管理。区块链技术下审计流程再造将重塑现有的审计制度和审计组织体系，同时，可以确保实时审计风险控制。同时，专家也谈论了区块链审计发展所面临的一系列问题，包括区块链技术的成熟度水平、标准化问题、生态治理、制度创新以及人才培养等。

在区块链审计应用方面，国际四大会计师事务所已经开展了一系列探索性的前沿工作。2018 年 3 月，普华永道与全球资产管理公司北方信托（Northern Trust）合作，通过区块链技术对股权进行实时审计。同时，普华永道宣布退出支持加密数字货币审计的 Halo 审计软件解决方案，Halo 审计软件可以提供建立加密数字货币所有权所需的"私钥和公钥对"的独立性和实质性证据。2018 年 4 月，安永宣布试点区块链分析程序——Blockchain Analyzer，它可以帮助审计团队从企业多个区块链账簿中汇总形成完整的交易数据。审计师借助区块链分析程序，可以查询数据并进行交易分析、核对和识别交易异常值。同时，安永区块链分析程序能够支持包括比特币和以太坊在内的多个加密数字货币的测试性分析。毕马威宣传期区块链解决方案可以对企业应用区块链的全过程阶段提供支持，包括区块链战略实现、需求指导、系统和运营整合、数据托管以及区块链平台审计和税务服务。同样，基于区块链技术将对审计带来的巨大影响，德勤推出了相关的区块链审计解决方案 Deloitte COINIA，可以帮助审计师更高效地分析包括加密数字货币在内的数字资产以及区块链数据。同时，德勤提出了德勤区块链实验室（Deloitte Blockchain Labs）方案，旨在通过帮助企业优先考虑区块链计划、管理机会以及解决区块链应用的痛点。

学术界和实务界的探索研究为区块链审计的应用发展提供了借鉴参考。讨论区块链本身一定程度上不能局限于技术本身，而应当延伸至其产生的经济现象——区块链经济。区块链经济背后是众多的区块链应用及其对应的业务模式，因此，对于区块链审计的分析也应当充分考虑区块链经济的多样性。

## 二、区块链经济背景下再论区块链审计

### （一）区块链经济与区块链技术

在 2019 年达沃斯论坛期间，世界经济论坛区块链负责人 Sheila

Warren接受采访时提出："区块链作为一种基础技术,当(它的)可扩展性获得突破时,去中心化可以增加平等的机会,以更加人性化的方式解决数据等方面的个人自主权问题。我们认为区块链技术是第四次工业革命的基础。如果能够找到一种方法通过政府部署来使用区块链技术,那么我们将会前进一大步。"

中国已经意识到区块链发展战略的重要性以及政府在其中扮演的关键角色。2019年10月24日,中共中央政治局就区块链技术发展现状和趋势进行第18次集体学习,习近平总书记发表重要讲话,并提出将区块链作为国家核心技术自主创新的重要突破口。集体学习中剖析了区块链发展现状和机遇,还总结了区块链的五大作用,它们分别是促进数据共享、优化业务流程、降低运营成本、提升协同效率、建设可信体系。

区块链技术的多方共享、可追溯、防篡改等特性,使其成为当前极具创造力的信息技术之一。基于区块链技术,可以创造与传统第三方截然不同的可靠合作机制,从而能够构建转移价值的互联网——价值互联网。因此,未来可能会出现与互联网经济一样的区块链经济。郭小川(2019)通过影响范围和是否构成业务闭环两个角度来判断区块链完全有可能形成与信息互联网比肩的价值互联网经济。而相对而言,区块链经济还具有以下三点优势:一是区块链经济中万事万物的价值流动性更高,二是区块链经济中数据安全问题可以相对更为妥善地解决,三是区块链经济还允许更加灵活的经济政策。

郭广珍等(2020)基于新古典经济学的分析逻辑,在互联网经济学、大数据经济学和加密经济学的研究交集之内,提出了区块链经济学这一新学科的构想,同时对区块链经济学的含义进行描述:区块链技术可以改变信息传递方式;区块链技术解决信任问题;区块链技术使得更加分散的组织成为可能;区块链技术可以实现真正的共享。

区块链技术经过十余年的快速发展,逐渐形成了一定规模的独立产业,并产生了区块链经济现象。而支撑这一经济现象产生的关键力量是区块链技术。区块链是由多方共同维护的分布式数据库的网络组织形式,数据库是由数据区块(blocks)有序链接而成,每个区块存储的则是一定时间内产生且加密后的数据记录信息。通过数据库的分布式存储以及密码学技术,可以实现数据存储的一致性,从而保证难篡改性、不可抵赖性以及可追溯特征。

表 1  不同类型的区块链技术之间的联系与区别

| 特征 \ 类型 | 公有链 | 联盟链 | 私有链 |
|---|---|---|---|
| 共性特征 | 分布式记账:一种新型的记账技术,其核心在于将记账分布在网络中的各个节点,账务信息不由任何中央机构单独维护,而由网络中各个节点共同维护,信息更新由每个节点独立记录并传播到全部节点,实现了记账的去中心化或多中心化 | | |
| 参与方式 | 无需事先选择好,无需许可 | 事先选择好的,需要许可,往往有良好的网络连接等关系 | 单位内部各实体部门和分支机构 |
| 去中心化程度 | 去中心化 | 多中心化 | 对外中心化/对内多中心化 |
| 效率水平 | 交易处理效率低,成本高,节点合谋篡改可能低 | 交易处理相对高效,成本低,但有节点合谋篡改的可能 | 交易速度非常快,处理成本更低 |
| 是否需要发币 | 需发行加密数字货币 | 无需发行加密数字货币 | 无需发行加密数字货币 |

根据应用场景以及去中心化程度,目前区块链主要分为公有链(Public Blockchain)、联盟链(Consortium Blockchain)、私有链(Private Blockchain)三种。如表 1 所示,它们的共性特征是使用分布式记账——一种新型的记账技术,其核心在于将记账分布在网络中的各个节点,账务信息不由任何中央机构单独维护,而由网络中各个节点共同维护,信息更新由每个节点独立记录并传播到全部节点,实现了记账的去中心化或多中心化。

而在参与方式、去中心化程度、效率水平以及是否需要发币等方面,公有链、联盟链和私有链存在差异。在参与方式方面,公有链无需事先选择好参与对象,也往往不需要对参与者的身份进行许可;联盟链则是要事先选择好参与对象,需要对参与者的身份进行许可,往往有良好的网络连接(如业务往来)等关系;私有链则是单位内部各实体部门分支机构经过身份认证连接进私有链。在去中心化程度方面,公有链称之为去中心化,联盟链称之为多中心化,私有链则是对外中心化、对内多中心化。在效率水平方面,公有链交易处理效率低,成本高,节点合谋篡改可能低;联盟链交易处理相对高效,成本低,但有节点合谋篡改的可能;私有链交易速度非常快,处理成本更低。在是否需要发币方面,由于公有链较为绝对的去中心化,参与者无须进行认证由需要确保他们的参与积极性,往往需要通过发行加密数字货币来提供一种激励机制。而联盟链和私有链中的参与者身份已知,并且更多是期望借助区块链技术提升参与者之间的可信程度,因此,往往不需要发行加密数字货币。在具体应用过程中也可能采用混合链(Hybrid Blockchain)方式。

### (二)区块链审计:分布式记账如何影响审计信息化

随着信息技术的快速发展,它的应用已经渗透到经济社会的各个领域中。审计作为一种独立的经济监督活动,在信息化背景下审计对象的信息化使得审计信息化成为必然。审计信息化是现代信息技术与传统审计融合发展的过程。而在此过程中,审计信息化的理念、方法和技术创新仍在与时俱进、不断更新。在审计信息化的发展过程中,在审计理论家中和实务界也出现了一系列概念术语,包括计算机审计、IT(信息技术)审计、计算机辅助审计、电子数据审计、信息系统审计、持续审计、联网审计、大数据审计以及区块链审计等。这些概念术语中许多概念并无统一定义,彼此之间有些存在概念重叠,有些则是重点不同,还有一些则是新技术带来的新提法,而它们的推出和应用无疑都为审计信息化提供了发展方向。

区块链最核心的特征是分布式记账,通过去中心或者多中心的每个主体参与数据存储,可以实现数据的相对的一致性。区块链经济不断发展,同时产生的还有与区块链相关的分布式协作方式、业务模式以及数据结构等,那么分布式记账势必会深刻影响到审计信息化,进而形成区块链审计。对于区块链技术将如何影响审计信息化,需要先从区块链审计的概念界定谈起。尽管已有多篇文章讨论区块链技术如何影响审计信息化,但对于区块链审计概念界定的文章较少。徐超和陈勇(2020)给出了区块链审计广义和狭义之分的定义。广义的区块链审计是指将区块链技术在审计行业中的运用,具体而言是区块链技术与审计业务的结合。狭义的区块链审计则将区块链审计细分为两种方式:一种是区块链审计,另一种则是审计区块链。两者的区别主要根据面向对象的不同来划分。前者是指在区块链技术环境下,利用区块链技术具有去中心化、防篡改、可追溯等特点,对审计业务的应用执行,力求快速发现审计问题线索,提高审计质量和效率,完成审计任务。而后者主要是针对被审计单位已经构建的区块链应用系统进行审计,审计区块链应用系统的真实性、合规性。

基于已有文献的分析,本文同样也给出区块链审计概念的界定:区块链审计是基于区块链经济背景下,依托区块链技术的发展和应用而产生的一种新的审计方式,其内容应当包括:①区块链经济环境下的区块链辅助审计(如何利用区块链技术提升审计质量和效率);②区块链经济环境下的区块链数据审计(如何审计区块链经济环境下的区块链数据);③区块链经济环境下的区块链系统审计(如何对区块链经济环境下的区块链信息系统进行审计)。根据区块链类型将区块链数据审计划分为公有链数据审计、联盟链数据审计以及私有链数据审计。同时,依托区块链的分布式记账技术辅助区块链审计,推动区块链辅助审计的协作性和综合性。

在协作性方面,区块链经济环境下各个审计关联主体将不再是孤立的,可以实现跨组织跨群体的审计协作。其中,对于公有链数据审计而言,由于公有链具有去中心化特性,对其进行外部审计的必要性和可行性就较低,而为了确保公有链数据的真实性,公有链参与者之间可以构建自组织协作审计方式。对于联盟链数据而言,审计数据在不同联盟链节点之间的信息中流通,审计数据从一个主体传递到另一个主体,联盟链能够提供区块链辅助审计时各主体的协作。对于私有链数据而言,审计数据在企业内部各节点之间的信息中流通,私有链提供区块链辅助审计时各主体的内部协作。

在综合性方面,区块链审计代表着审计信息化最新的阶段,甚至带来审计的半自动化或者自动化。下面将通过大数据审计与区块链审计之间的关联,来阐述区块链审计的综合性。大数据审计依赖于大数据分析软件,大数据审计的主要特征是取证更充分、更多数据分析及可视化技术、更实时和快速分析。而区块链审计带来最大的改变是分布式管理,涉及跨组织、跨不同机构的协作关系。但这并不意味着区块链审计就是对大数据审计的颠覆或替代,而实际上更多是一种补充融合。区块链审计并不能单纯地依靠分布式记账的方式完成一切,应该有综合的审计方案,需要整合包括大数据、人工智能、云计算以及物联网在内的众多信息技术。

表 2　区块链数据审计与区块链辅助审计

| 辅助审计 ＼ 数据审计 | | 区块链数据审计 | | |
| --- | --- | --- | --- | --- |
| | | 公有链数据 | 联盟链数据 | 私有链数据 |
| 区块链辅助审计 | 分布性 | 去中心化 | 多中心化 | 内部多中心化 |
| | 协作性 | 自组织协作 | 联盟协作 | 单位内部协作 |
| | 综合性 | 在分布性和协作性基础上的信息技术应用组合 | | |

区块链审计可以用分布式的思想创新审计工作方式,提升审计的协作效率和跨组织合作效率。在越来越多的数据存放在区块链的环境下,分布式记账的去中心化/多中心化、防篡改、可追溯等特性,推动着审计信息化和区块链审计的发展,以提升审计工作效率,构建全方位审计体系,增强审计独立性,保障数据真实性,降低追踪交易成本,验证交易双方数据记录真实性。同时,区块链审计的发展还与区块链会计紧密联系。例如,公有链一般具有典型的匿名性特征,同时一般都会发行加密数字货币。当审计对象是公有链数据的时候,区块链审计不仅仅是数据的取样,会计准则是否匹配,如何界定比特币、以太坊等加密数字货币的属性,都是需要在区块链会计当中予以考虑的(表2)。

## 三、区块链审计融合区块链经济发展

区块链经济尚在发展初期,区块链的基础研究、核心技术、标准化研究、产业生态、人才队伍等问题有待进一步改进,区块链应用场景需要不断拓展,区块链应用解决方案需要不断优化。在理论界和实务界的共同努力下,区块链审计的本质逐渐清晰,理论学者探讨区块链的概念内容、技术方法以及逻辑流程,实务各界陆续开展了一系列区块链审计应用。然而普遍的共识是认为区块链审计的实践应用程度与区块链经济的成熟度水平密切相关。如果区块链应用场景不够丰富和成熟,那么区块链辅助审计和区块链数据审计就缺乏足够的审计数据,相关的探索性研究将只能停留在试验阶段,同时对于区块链系统审计也只能是设想。当然很多专家学者也在呼吁对于区块链审计的研究不能在区块链技术完全成熟之后,应该加大对区块链技术应用在审计的更多研究,也提出大力发展国产自主可控的区块链审计技术平台,加速审计底层软硬件、审计业务应用以及相关审计数据标准的构建,以及要重视审计制度创新与人才培养。

这些观点无疑是非常中肯的,却也将区块链审计的发展顺序置于区块链经济发展之后。目前关于区块链审计的研究都只是探索性研究,任何的大规模探索都应当谨慎,否则会导致未来区块链经济成熟发展后与之相匹配的区块链审计服务不到位。当前审计行业面临发展质量特别是审计质量与公众需要和经济社会高质量发展要求之间的矛盾,除了区块链审计的试验性研究,还应当主动参与区块链应用场景,并将此融合在区块链经济发展中。下面以基于区块链的供应链金融服务平台为例进行说明。

供应链金融指的是在供应链中,以核心企业为出发点,为供应链提供金融支持。一方面,将资金有效注入处于相对弱势的上下游配套中小企业,解决中小企业融资难和供应链失衡的问题;另一方面,将银行等金融机构的信用融入上下游企业的购销行为,增强企业的商业信用,促进中小企业与核心企业建立长期战略协同关系,提升供应链的竞争能力。然而传统供应链金融仍存在很多问题。供应链上存在诸多信息孤岛,企业间以及企业与金融机构之间的信息不互通,核心企业的信用并不能很好地在供应链中进行传递。传统供应链金融的逻辑仅能解决一级供应商融资问题,二级、三级以及更多中小企业供应商的融资需求难以得到满足。以贸易融资中的应收账款融资举例。2018 年,全国应收账款融资需求超过 13 万亿元,仅有 1 万亿元融资需求得以满足,且主要由大银行服务超大型核心企业的一级上游供应商。因此,尽管需求巨大,但是在供应链金融环节中小企业融资问题并没有得到很大改善。

针对传统供应链金融存在的问题,构建基于区块链的供应链金融服务平台,如图 3 所示。供应链金融本质上是"N + 1 + M"的融资模式,即是以"1"个核心企业为核心,通过供应链实现核心企业信用跨层级传递,供应链上游各层级"N"个供应商和下游各层级"M"个经销商之间的物流、资金流和信息流都能够以区块链方式进行存储和维护,实现信息在供应链的多方创建和维护,保证信息的可追溯性和不可篡改。因此,金融机构据此可以获取真实可信的融资账本。由于区块链技术特性能够很好解决传统供应链金融存在的问题，包括腾讯、百度、京东在内的各大互联网企业纷纷布局区块链，探索区块链金融领域的应用，发布区块链金融级解决方案BaaS（Blockchain as a Service）。同时，各大金融机构也尝试构建基于区块链技术的供应链金融平台，包括平安集团金融壹账通的壹企链供应链金融平台、上海银行与蚂蚁金融"双链通"区块链平台等。

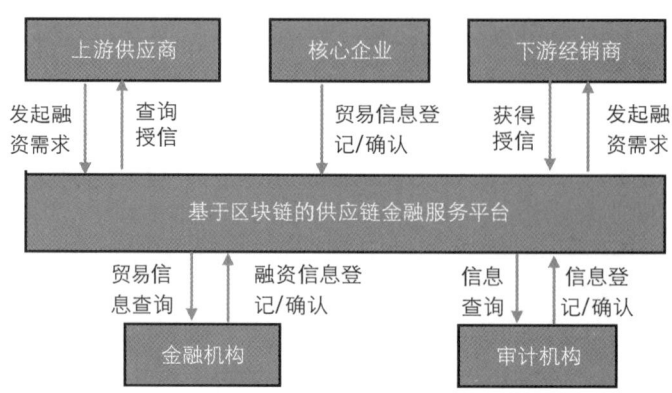

**图3 区块链审计融合基于区块链的供应链金融服务平台**

基于区块链的供应链金融服务平台，一方面，可以构建多方主体之间互信的信任机制，能够在一定程度上透视供应链金融信息真伪的风险点与风险源；另一方面，基于信任机制它可以构建更加开放的供应链金融生态服务圈，推动供应链金融场景转型升级。然而，鉴于目前区块链标准尚未明确，区块链系统审计尚未到位，基于区块链的供应链金融服务平台的真实性并不能得到有效保障，中小微企业未必具备足够的区块链平台辨识能力。有效解决这一问题的办法即区块链审计融合供应链金融发展，将审计机构的区块链审计接口与供应链金融区块链平台相整合。审计机构可以作为数据多方维护的主体之一，审计机构拥有基于区块链的供应链金融服务平台的数据节点。这就将供应链所产生的物流、资金流和信息流增加了维护的主体和备份。审计机构数据节点和相关权限的提前布置，使得审计机构可以更实时完整获取供应链金融的交易数据，而无需等待审计主体传输相关审计数据。因此，区块链审计与区块链经济发展的融合能够更进一步提升区块链业务平台的可信度，将助力更多区块链业务场景的应用发展。

未来的区块链审计发展需要更有效的激励措施。它不能仅仅停留在顶层设计上，或者是等待标准化的建立。审计行业应当与区块链经济协同演化，这能够使区块链技术的应用更加真实、可信和公正。在区块链审计发展过程中，审计行业应当充分发挥审计的核心职能，使得区块链技术能够在区块链经济中发挥应有作用，助力我国区块链经济更高质量发展。

# 五

# 数据要素的确认和管理

## ——浅议数据资产与数据治理

杜美杰、王德洋，北京语言大学商学院会计系

作为信息时代的"石油"，数据是新的生产要素和重要生产力，是基础性资源和战略性资源。近年来，我国高度重视数字经济的健康发展，为此出台了系列意见、规划和立法，这为激活数据要素价值创造了条件。

2020年4月9日，中共中央、国务院发布《关于构建更加完善的要素市场化配置体制机制的意见》，将数据确立为与土地、资本、劳动力及技术等传统生产要素一样的五大生产要素之一，要求"加快培育数据要素市场"，提出推进政府数据开放共享、提升社会数据资源价值、加强数据资源整合和安全保护等举措。2021年3月13日发布的《第十四个五年规划和2035年远景目标纲要》，在"加快数字化发展、建设数字中国"部分为我们描绘了"迎接数字时代，激活数据要素潜能，推进网络强国建设，加快建设数字经济、数字社会、数字政府，以数字化转型整体驱动生产方式、生活方式和治理方式变革"的宏大愿景。2021年6月10日，《数据安全法》正式通过并于2021年9月1日起施行，该法旨在建立工作协调机制，加强对数据安全工作的统筹，以进一步保障政务数据安全。2021年8月20日，《个人信息保护法》正式通过，并于2021年11月1日起施行，该法旨在进一步细化、完善个人信息保护应遵循的原则和个人信息处理规则，明确个人信息处理活动中的权利义务边界，健全个人信息保护工作体制机制。

在数字时代，数据作为核心生产要素，将广泛参与交易流通、价值创造和剩余分配。相关政策、法规的出台，对于数据确权和数据治理，具有划

时代的意义。然而,什么是数据? 数据是否是资产? 如果数据是资产,如何进行有效管理? 这些已成为摆在我们面前亟需思考的问题。

## 一、数据的概念

积累数据资源是发展数字经济的前提。数据作为数字经济时代的关键要素,已成为各行各业数字化转型和高质量发展的基础资源,其重要性毋庸置疑。在数据如同水和空气一样成为重要必需品的数字化时代,我们是否真正了解数据的本质呢?

世界由相互区别且独立存在的事物(即实体)及其关系构成,实体是一系列属性的集合。人们对实体及其关系的认知过程可大致分为四个阶段,即数据、信息、知识和智慧。按照计算机领域的 DIKW 金字塔(图 1),数据(Data)、信息(Information)、知识(Knowledge)、智慧(Wisdom)呈环环相扣、层层递进关系。

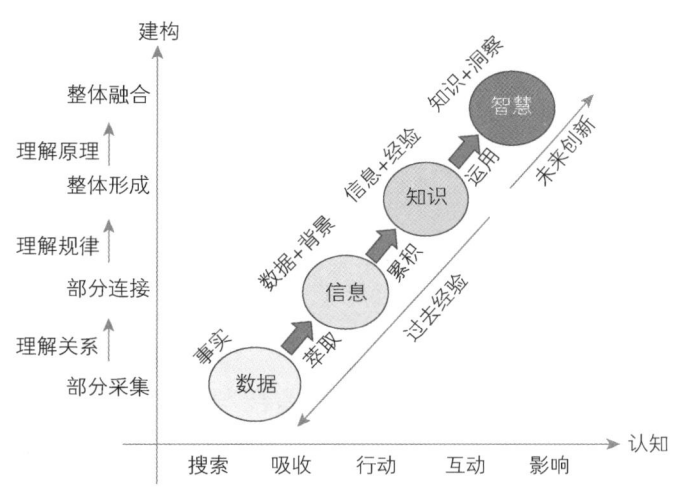

**图 1　DIKW 金字塔**

数据就是人们观察、感知实体的结果,是对客观事务的记录。水的温度是 100 摄氏度,大楼的高度是 6 米。通过这些数据的描述,我们的大脑里形成了对客观世界的清晰印象。但记录的数据通常带着领域知识,隔行如隔山,不同专业的人士之间之所以沟通困难,是因为一方看来司空见惯的术语,对另一方来说如同天书。

数据作为实体未经加工的、离散的原始记录,其实没有任何价值。例如,200 人,一楼大厅,上午 8 点,是一些杂乱无章的数据。只有当人们将一系列数据与实体进行关联,通过实体属性给数据赋予含义,数据才有意义。例如,将上述零散数据构建成一个有价值的数据集合,上海国家会计学院于 2021 年 6 月 6 日召开"十大信息技术"发布会,时间是上午 8 点,地点是一楼大厅,共 200 人左右,这些就是信息。也就是说,信息是有一定含义和逻辑的数据流,是有意义的数据,信息等于数据加处理。

数据和信息只是实体的表面属性,具有一定特殊性,对人类的活动没有普适的指导意义。例如,上海 6 月 6 日气温 30 度。这些信息一般在第 2 天就没什么意义了,也就是说,信息会在时效性消失后,变得没有价值。人们需要的是反映实体本质属性和逻辑关系的知识。例如,上海每年夏天从几月到几月,温度通常为 X 度。人们对一些信息进行归纳后并从中提炼出规律,有价值的信息沉淀并结构化后形成的就是知识。

知识只是来自过去的经验总结,要想做出合理决策,不仅需要掌握足够的知识,还应具备利用已有知识解决问题的能力以及不断从信息中总结知识的能力。这就是智慧的力量,也就是激活的知识。

其实,数据、信息、知识、智慧的划分并不是绝对的,它们的区分更多地依赖于具体环境(或场景),四者之间并非泾渭分明。一个系统或一次处理输出的信息,可能是另一个系统或另一次处理的原始数据;某个语境下的知识,在另外的语境中,可能就是信息,甚至是无意义的数据;用来解决某个领域问题的智慧,可能在另一个领域不过是常识。因此,在进行数据、信息、知识、智慧的研究与应用时,要与特定场景(即人、任务等)结合才有意义。

甚至,在坚信万物皆数的数据主义看来,传统的 DIKW 金字塔也将被彻底翻转。以往我们认为,数据只是智力活动这个漫长过程的第一步,要把数据转化为信息,信息转化为知识,最后才能把知识转化为智慧。但随着大数据时代的到来,人类已无法直接处理海量数据,于是计算机算法接管了数据处理工作,其随后获得的信息、知识就成了人工智能。在这种情况下,原始数据的权属和质量显得尤为重要。

## 二、数据是否是资产

企业是以营利为目的的组织,企业拥有或控制各项资源的目的是创造价值。在数字经济时代,数据作为新的生产要素和核心资源,是价值创造的重要来源。现在有很多企业拥有海量数据,那么,这些数据到底是不是企业的资产呢?

### (一)数据支出资本化条件

按照企业会计准则,只有那些过去交易或事项形成的、被企业拥有或控制的、能够产生未来经济利益流入的资源才可以被称为资产。

1. 过去交易或事项形成:代表曾经付出且业已存在

企业无论是通过内部抓取、网络搜集还是第三方购买等渠道收集、整理数据,均投入了人力、资金、设备等资源,符合过去的交易或事项形成的这一特定要求。

2. 企业拥有或控制:这是一个难题

病人的病历是属于医院还是病人?手机用户的上网和电话记录是属于用户个人还是电信运营商?我们在网上的浏览和购物记录是属于平台还是我们自己?这些数据所有权或控制权的确认,已经超出了会计职业判断,它们应是法律界定问题了。

2021年6月颁布的《数据安全法》是我国第一部有关数据安全的专门法律,但作为上位法,并未涉及数据确权问题。一方面,数据确权是非常复杂的系统性工程。用户是数据的天然所有者,但服务提供商同样是数据链条上不可或缺的一环,因为没有服务提供商的收集、处理和封装等服务,用户行为等也无法成为数据。另一方面,数据确权将影响数字经济的发展。如果数据在生产、收集、流通、使用等过程中的产权归属不清,后续的数据要素流转将无法顺利进行,数据要素价值将无法充分发挥,数字经济发展也会受到很大限制。

2021年8月颁布的《个人信息保护法》,是对个人信息的一次集中的数据确权。一方面,它确立了以"告知—同意"为核心的个人信息处理的一系列规则，明确了个人在个人信息处理活动中的各项权利。这种确权是在明示、指导个人在个人信息处理过程中可以怎么做、可以对个人信息处理者提出哪些要求，而个人信息处理者应该怎样配合。另一方面，它明确规定了个人信息处理者的义务，要求其对个人信息处理活动负责，并通过采取必要措施确保所处理的个人信息的安全。明确这些义务和职责、提出这些要求和举措，是给商业行为戴上"紧箍咒"，最终是给个人信息配上法律的"安全锁"，避免App过度索权、大数据杀熟、隐私泄露等问题。

一场数据确权的博弈，正在用户和商业机构之间展开，至今未见分晓。可以预见，解决数据确权问题，将是未来数据立法的重要议题，也是决定数据是否为资产的关键所在。

3. 能够带来经济利益流入：这点没有争议

数据通过赋能业务间接提高价值创造能力，如顺丰；或者直接创造价值，如同花顺。

1）赋能型数据

此类数据自身不产生价值或价值极低，企业通常将此类数据与现有业务有机结合，使其在辅助管理者决策、优化业务流程、发掘更多潜在用户、增加业务数量、降低运营成本、创造超额收益等方面有更好的表现，提升企业核心竞争力。例如，海尔等数字化转型。

2）产品型数据

此类数据收集的目的在于收取合同目标现金流量，这是这类数据创造价值的直接方式。在遵守相关法律与规定的前提下，直接用合同约定的数据单独交易或与其他数据组合以数据库形式交易换取货币资金或其他等价物。此类数据已经存在较为完善活跃的交易市场，未来带来收益流入的可能性高，并且较为稳定。例如，同花顺等金融数据提供商的金融数据产品。

## （二）数据资产会计处理

企业是经济运行基本单元，是数据创造、交流和应用的中心。推动数据资产的会计处理，有助于促进数据的交易和流通、建立健全数据要素市场。

1. 初始确认

（1）经济利益是否很有可能流入企业：这是指是否建立了相应的商业模式

关键看数据资源或者与业务或产品充分结合，推动业务的开展更高效、更精准，或者形成直接可供出售的数字产品。

① 业务数据化。

赋能型数据通常对应的商业模式是业务数据化，即传统产业的数字化转型，也称为业务数据化。业务数据化是指企业将组织、生产、运营过程中产生的数据进行收集、整理、分析，用于服务自身经营决策、业务流程，从而提升公司的盈利能力。业务数据化带来的好处是实现更为精细的运营。例如，一些电商通过对店铺所在商圈趋势、消费者画像等进行数据挖掘，形成更精准的消费者洞察，为后续的产品供应提供参考。

此类数据的价值很难像普通资产一样简单评估。数据的采集、清洗、提纯、筛选、挖掘类似于自行开发无形资产，需投入大量的人力、物力和财力，更重要的是要耗费智力，需要运用较为先进的算法和模型等数字处理技术，绝非一日之功。此类数据资产入账成本应比照内部开发的无形资产，包括可直接归属于该数据资产的创造、生产并使该数据资产能够以管理层确定的方式运作的所有必要支出。但该成本仅包括自满足资本化条件的时点至该资产达到预定用途前发生的支出总和，对于同一项数据资产在开发过程中达到资本化条件前已经费用化计入当期损益的支出不再进行调整。

② 数据业务化。

产品型数据通常对应的商业模式是数据业务化。数据业务化是指对数据进行收集、整理形成可对外提供的服务或产品。

此类数据如果从外部取得，可以比照外购无形资产，以双方达成的一致对价或活跃市场报价作为入账价值；如果内部产生，可以比照内部开发的无形资产，具体处理同上。

当然，无论是赋能型数据还是产品型数据，都要符合资本化的定义，即该资产被反复或连续使用一年以上，才能进行资产化处理；否则，就直接费用化处理。

2）是否可以可靠计量：这是指如何估值

能够取得成本的，用历史成本法；能够取得市价的，用公允价值计量；如果无法取得市价，也没有可靠成本数据，如没有成熟的市场、成熟的数据,也可以按评估方式计量。

### 2. 后续计量

有人认为数据具有时效性,时效性过去了,就没有价值了。但数据其实与图书馆里的图书类似,即使过了这个时效性,但可能还会有其他价值。数据作为无形资源,不同于有形资源,不会随着使用而减少。数据在使用过程中不仅没有损耗,而且还可以不断重复使用;甚至,还会随着使用次数的增加,不断发现、发掘和实现新的价值。因此,从这点上,本文认为数据资产的后续处理,应该类似于使用寿命不确定的商誉,仅进行减值测试,不计提摊销。

### 3. 终止确认

如果是赋能型自用数据,类似于使用寿命不确定的商誉,无需终止确认。如果是产品型数据,因其具有可复制性,出售并不影响自己使用,因此,也不会因为这种出售而终止确认。这两种情况只有当彻底转让所有权时,才会终止确认。

## 三、数据资产如何管理

随着大量结构化、半结构化、非结构化数据的爆发式增长,数据单位已由 TB、PB、EB 发展到 ZB 级别,其体量已远远超出了目前人力所能处理的范畴。在数字经济时代,数据产生的商业潜力与经济价值日益被认同,数据资产越来越被人们重视。然而,面对浩如烟海的数据、鱼目混珠的数据以及标准不一的数据,企业要想进行数字化转型升级,对数据进行价值挖掘与开发,那么就必须引入"数据治理"这一重要概念。

### （一）数据治理的定义

对于公司,有治理和管理之分。治理解决如何分蛋糕的问题,是权力划分层面;管理要解决如何做大蛋糕的问题,是执行层面。对于数据,也有治理和管理之分。数据治理是针对信息相关过程的决策,解决类似于5W1H类问题;数据管理是指对数据资产进行控制的活动集合,包括计划、监督和执行等。

由于切入视角和侧重点不同,现有数据治理或管理定义不下几十种,到目前为止还未形成一个统一、标准的定义。其中,以国际数据管理协会(The Data Management Association,DAMA)、国际数据治理研究所(The Data Governance Institute,DGI)等权威机构提出的定义最具代表性和权威性。DAMA认为,数据管理是为了交付、控制、保护并提升数据和信息资产的价值,在其整个生命周期中制定计划、制度、规程和实践活动,并执行和监督的过程。DGI认为,数据治理是指针对信息相关过程的决策权和职责体系,该体系遵循"在什么时间和情况下、用什么方式、由谁、对哪些数据、采取哪些行动"等原则执行。需要注意的是,尽管两个机构在用词上有数据治理和数据管理之分,但实际包含的内容大同小异,在技术方面并没有太大的分歧与冲突。

## (二)数据治理/管理框架

目前国内外比较认可的关于数据治理的标准,主要有四个:DAMA数据管理框架、DGI数据治理框架、我国《数据治理白皮书》的数据治理模型框架、2018年国家标准GB/T 34960中发布的数据治理框架。它们基本都具备如图2所示的数据治理要素。

图 2 数据治理要素

### 1. DAMA数据管理框架

该框架主要分为数据治理、数据架构管理、数据建模和设计管理、数据存储和操作管理、数据安全管理、数据集成和互操作管理、文件和内容管理、参考数据和主数据管理、数据仓库和商务智能管理、元数据管理和数据质量管理11项职能域,如图3所示。

数据治理是指建立一个能够满足企业需求的数据决策体系,为数据管理提供指导和监督。数据架构管理定义与组织战略协调的管理数据资产蓝图,以建立战略性数据需求及满足需求的总体设计。数据建模和设计管理是以数据模型的精确形式,进行发现、分析、展示和沟通数据需求。数据存储和操作管理以数据价值最大化为目标,包括存储数据的设

图 3　DAMA 数据管理框架

计、实现和支持活动以及在整个数据生命周期中，从计划到销毁的各种操作活动。数据安全管理是指确保数据隐私和机密性得到维护，数据不被破坏，数据被适当访问。数据集成和互操作管理包括与数据存储、应用程序和组织之间的数据移动和整合相关的过程。文件和内容管理是指用于管理非结构化媒体数据和信息的生命周期过程，包括计划、实施和控制活动，尤其是指支持法律法规遵从性要求所需的文档。参考数据和主数据管理包括核心共享数据的持续协调和维护，使关键业务实体的真实信息以准确、及时和相关联的方式在各系统间得到一致使用。数据仓库和商务智能管理包括计划、实施和控制流程来管理决策支持数据，并使知识工作者通过分析报告从数据中获得价值。元数据管理包含规划、实施和控制活动，以便能够访问高质量的集成元数据，包括定义、模型、数据流和其他至关重要的信息（对理解数据及其创建、维护和访问系统有帮助）。数据质量管理包括规划和实施质量管理技术，以测量、评估和提高数据在组织内的适用性。

DAMA 数据管理框架以数据治理为中心，全面对接 10 个职能，很好地考虑到了功能与环境要素对数据本身的影响，并直接建立了对应关系。当然，随着时代的发展、信息技术的进步，这些职能需要不断改进与更迭，才能更好地适应数据发展新态势。

2. DGI 数据治理框架

该框架分为最终目标与愿景、短期目标、数据规则与定义、决策权、问责制度、控制措施、数据利益相关方、数据治理办公室、数据管理小组及数据治理过程等内容，如图4所示。

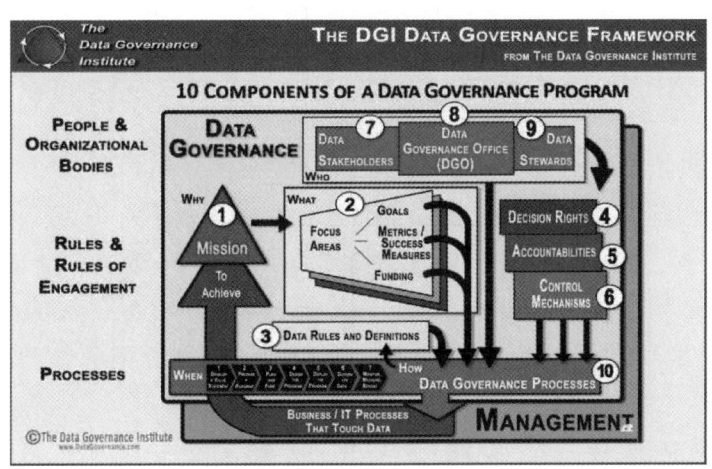

**图 4　DGI 数据治理框架**

DGI 从数据治理组织结构、治理规则和治理过程三个维度提出了关于数据治理活动的 10 个关键要素，并在这些要素的基础上构建了 DGI 数据治理框架。该框架按照职能划分为人员与组织机构、规则与协同工作规范、过程三组。人员与组织结构是指在数据治理过程中承担执行和控制数据治理规则和规范的组织机构，其中主要从决策层、管理层和执行层三个维度构建数据治理人员与组织结构。决策层是组织内部负责数据治理的最高级别的权威机构；管理层由各业务部门业务高管、项目负责人等组成，主要负责业务规则与数据标准定义和维护；执行层由子公司和分支机构等具体业务专员构成，负责治理、维护数据质量。规则和协同工作规范是指制定一套统一的数据治理工作制度和规则，并协调各个不同的业务部门之间的治理工作，包含对企业数据治理的使命、企业数据治理核心业务的关注域（治理目标、度量指标）、数据标准和业务规则的定义、决策权、职责分工、控制六个组件。过程即是数据治理流程中的步骤，主要包括主动、被动和正在进行的数据治理过程。

相对于 DAMA 数据管理框架，DGI 数据治理框架更着重强调"治理"

的概念,通过人员与组织机构、规则以及过程三个大领域进行规划,突出了数据治理中控制权与决策权的权限分级与合理流程的重要性。

3.《数据治理白皮书》国际标准研究报告数据治理模型与框架

该模型由原则框架(模型顶面)、范围框架(模型正面)、实施和评估框架(模型侧面)三个框架组成,如图5所示。

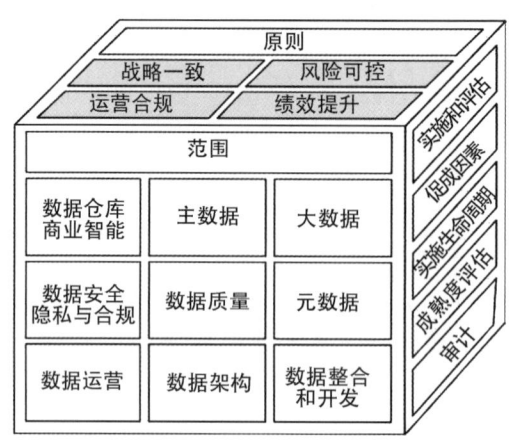

**图5　《数据治理白皮书》国际标准研究报告数据治理模型与框架**

依据"战略一致、风险可控、运营合规、绩效提升"四个原则开展9个关键域的治理,范围框架明确了数据治理的主要工作,定义了数据治理的范围和任务,分为三层:底层是基础层,中间层是保障层,顶层是应用层。其中,在应用层加入大数据,细化为支持策略的应用特征,并对基础层和保障层产生影响。

此研究报告中的数据治理模型与框架,相比于DAMA数据管理框架和DGI数据治理框架,内容更全面、更丰富,不仅包括了数据治理的基本内容,还规范了数据治理的整体原则体系,并且更加注重内外部环境变化对数据资产本身的影响,更加遵循产品的生命周期。

4.国家标准GB/T 34960数据治理框架

该框架主要包括顶层设计、数据治理环境、数据治理域以及数据治理过程四大部分,如图6所示。

顶层设计是数据治理实施的基础,包含数据相关的战略规划、组织构建和架构设计。数据治理环境是数据治理成功实施的保障,包含内外部环境及促成因素。数据治理域是数据治理实施的对象,包含数据管理体

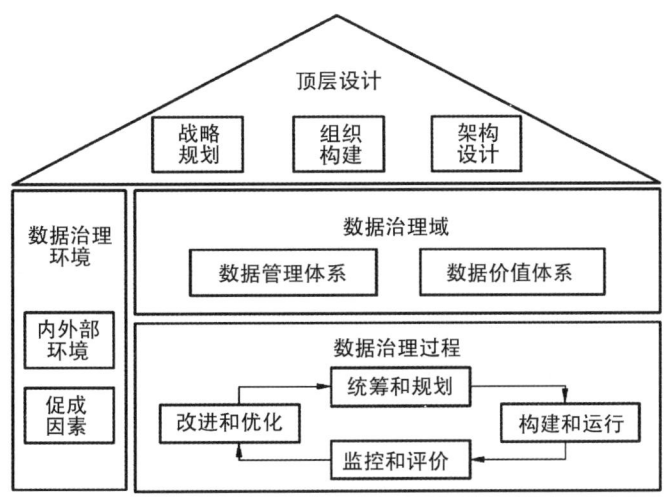

**图 6　国家标准 GB/T 34960 数据治理框架**

系和数据价值体系。数据治理过程就是数据治理实施的办法,包含统筹和规划、构建和运行、监控和评价、改进和优化。

　　该框架主要着眼于数据治理现状自我评估,指导数据治理体系建立,并监督其运行和完善,从而实现运营合规、风险可控和价值实现的目标。与前三者相比,该框架因是国家指导性、规范性标准文件,更具有整体性与全局性。

　　上述四种框架内容差别不大,中心理念各有特色:DAMA 数据管理框架突出数据治理这一中心,并认为数据治理是数据管理的一部分,强调功能要素与数据管理之间的对应和匹配;DGI 数据治理框架突出数据"治理"思想,从人员与组织结构、规则以及过程三方面阐述数据治理的内涵,并没有过多表述数据治理与数据管理之间的关系;《数据治理白皮书》中的数据治理模型和框架与国家标准 GB/T 34960 中的数据治理框架都是我国权威部门发布的指导性建议与规范性文件,考虑了我国自身的数据发展特征,具有全局性和实用性。


## 四、结语


　　管理学大师彼得·德鲁克在《21 世纪的管理挑战》中指出,信息技术

（IT）正从技术（T）向信息（I）转变，领导这场新兴信息革命的是会计人员而非IT人员，因为IT人员不可能知道用户需要什么样的数据以及如何使用这些数据。

数据只有被使用才能创造价值。在数字经济时代，业务数据化和数据业务化正在成为各行业、各领域数据应用和服务的重点和趋势。数据创造价值的过程就是数据资源资本化的伟大历程，而数据治理则是数据实现价值的重要保障。会计从业人员通过科学的方法看待数据，识别、记录数据资产，管理、应用数据资源，是时代赋予的使命。

在数据作为企业一项重要资产飞速发展的今天，数据资产与数据治理的重要性不仅仅是适应大数据时代那么简单，更是与企业管理、财务分析、业务发展等息息相关。只有通过科学的确认计量和统筹规划，规范化、标准化的采集和处理数据，高效率、合理化的储存并清洗数据，才能提高数据共享程度，激发数据资产中蕴含的原有价值，并向企业利益相关者展现企业的真正价值。

# 六

# "十大信息技术"报告解读和思考

主持人　ACCA 中国政策洞察总监　钱毓益

嘉　　宾　● 上海大学管理学院会计系教授、博士生导师、MBA 中心学术主任　任永平

● 上海财经大学会计学院副教授、博士生导师、会计与财务实验室主任　饶艳超

● 亨通集团 CFO　王春焱

● 吉祥航空财务负责人　张言国

● 立信会计师事务所　合伙人　宋永豪

● 上海市第十人民医院　总会计师　施伟忠

**钱毓益**　很高兴在这里主持今天最后一个环节,这个环节的主题是"十大信息技术"报告解读和思考。"十大信息技术"传达了一个信号和声音,需要在座的各位财务人士深度的思考对我们财务的工作影响。另外,技术本身也是双刃剑,站在个人、企业、监管的不同角度,对每项技术的应用前景都会有不一样的看法。在这个环节,我们非常荣幸请到业界、学界的大咖,共商共议 2021 年评选出来的"十大信息技术",希望今天的讨论能够引发独立思考和独特见解,为企业未来布局财务数字化转型的路径、"打法"和安排,有一个更加具体的指导意见。

今天的第一个问题,我们来谈谈五年来"十大信息技术"的"变"与"不变"。通过对过去五年榜单的对比,一方面,我们首先看到有几项技术是榜单的"常胜将军",财务云、电子发票、(会计)大数据这几年一直高居前列,其次还有一些技术也一直保持在榜单内,包括数据挖掘、移动支付、电子档案。另一方面,我们看到榜单中也有一些"新的入局者",2021 年新上

榜的技术有 IPA 和数据中台，2020 年新上榜的技术是新一代 ERP，RPA。嘉宾们如何看待这五年榜单的"变"与"不变"呢？

**张言国**　非常感谢上海国家会计学院给我这个机会参加"2021 年影响中国会计人员十大信息技术"发布会，非常荣幸接受邀请。我来自吉祥航空，一家民营航空企业，我是代表客户或者相关技术需求者的代表来作这次信息发布的解读和思考，五年来我们目睹了很多技术趋于成熟和广泛应用，比如，生活当中时时刻刻感受到的移动支付和电子发票。财务云、数据分析（Business Intelligence）、电子档案等给财务管理工作提供了极大的便利和效率。展望未来两年，随着金税系统的不断完善，电子普票和专票将全面推广，纸质发票预计不复存在；同时，由于国家数字化转型不断推进，电子档案将全面推广，纸质档案也将不复存在。由于电子发票和电子档案的全面推广，财务云化是必然的道路。我们吉祥航空在财务信息化建设方面也逐渐建立了大数据、电子档案。这个趋势是不可替代、非常成熟的。这也是为什么连续四五年财务云高居"十大信息技术"榜首的原因。

**钱毓益**　谢谢，您讲到的财务云、电子发票和电子档案，这些已经是非常成熟的技术。有一家咨询公司对各种技术的生命发展周期做过模型分析，如果依照这个模型，会发现在生命周期当中有两个时点是关注度比较高的：一是在技术刚刚推出进入到市场，这个时期市场上的声音非常多，由于声量高，这时候人们往往会觉得这项技术对我们影响很大；二是随着实践的场景不断演化，一旦大家发现技术并不如想象的那么有效，适用范围没有那么宽泛，这项技术又可能会逐渐淡出人们的视野，其后可能会经历一段时间的优化以及慢慢成熟的过程，最终进入成熟市场，应用也更加广泛。我的问题是，在榜单中的一些技术这两年风头正劲，但是没有见到特别成熟的应用呢？请嘉宾结合实际工作经验，谈谈自己的感受？

**王春焱**　非常高兴借这个机会和大家一起分享企业集团在信息技术领域应用的情况。整个信息技术的发展主要遵循三个方面的规律：第一个方面,"合"。企业信息技术的发展,遵循配合—整合—融合的过程。第一,配"合"。一项信息技术的出现,往往驱动的原因是源于配合其他业务部门,配合会计的属性开始在实践中做起。第二,整"合"。整合不同的会计属性、不同的业务。第三,融"合"。信息技术的发展,体现了"合"。在整个"合"的过程中,个人的见解凡是和会计最基本要素相关的,比如,会计的计量、识别、存储,以及基本的信息化应用,越是和基本要素相关生命力越强。凡是和终端应用相关的技术,像轮子一样,会计最基本的前提和假设代表着中间的会计基本概念,前提和假设代表着会计的轴,所有的应用如果离着核心部分越远,离应用端越近的部分,随着时间的演进,技术更新替代的频率越快,甚至在更新过程中会被更新的技术取代。

第二个方面,"通"。现在很多信息技术的应用是为了实现三个方面的相通。古今相通,打通会计信息的时间前后的维度;内外相通,扩展信息的维度、空间范围;情理相通,无论是模型,还是会计的应用,反映的都是经营全过程中的价值量数据,是按照规则体现出来的理性数据。管理行动的核心是价值创造,而会计所有工具的应用正是为了实现企业、个人对美的追求。

第三个方面,"真"。所有工具的应用,如果脱离了真,必将没有价值,这个"真"在会计上更多地体现为可验证性。会计的真实性和一般人理解的真实性,有比较大的差别。这些信息化工具的应用是在于能否充分体现可验证性,按照成本和效益的原则来应用。从终端的用户来讲,无论是哪种信息技术的应用,范围和广度更多的是体现在成本效益之间的差,体现在边际效益上。一种技术先进,某种意义上就是它的应用是低成本的应用。和低成本性相对应的原则,是有和无的差别。在企业发展过程中,企业的战略竞争就是两点:差异化竞争、低成本竞争。从低成本竞争来看,"十大信息技术"中有些信息技术虽然上了榜,也可能只是昙花一现。有的虽然连续上榜,随着边际贡献逐渐下降也会逐渐退出应用。有些信息技术虽然没有上榜,但是也可能其生命力正在逐步迸发。

**钱毓益** 谢谢,王总从三个维度讨论了信息技术在企业的发展问题。第一个是"合","配合、整合、融合",它更多的是在评价技术如何在企业应用的层面改变生产关系;第二个是"通",它更多的是说在技术发展的过程中,其影响范围在不断扩大,边界在不断延展,时间线在不断延伸;最后一个是"真",它考验一项技术是否真正推动企业的价值创造。只有推动价值创造的技术才具有长久的生命力。非常精辟,谢谢! 我们再来听听学界的观点。

**任永平**　刚才主持人问"十大信息技术"这几年排名变化的原因。第一个原因,是 2021 年的分类有一些变化,颗粒度更小,使得原来包含在某个技术大类下的细分技术凸显了出来。第二个原因与技术应用成熟度有关。如果这个技术有成熟的应用,应用范围比较广,用的人比较多,大家对它就比较了解,排名就可能靠前。投票肯定跟用的人数有关。一些技术可能很重要,但只有几个技术骨干在用,即使能解决很大的问题,但是从投票上也不一定看得出来。这些技术看专家的投票数就更有价值。第三个原因是技术是否打中企业的痛点。像财务中台很重要,作为中台必须把规律挖掘好、规则整理好、充分发挥微程序或者应用端的效率,这样财务中台才能往前跑。

关于成熟度,如果由国家推动,如电子发票、电子凭证等,成熟度就是相对比较高。但是如果基于商业化推广,有些平台还在成长阶段,在技术成熟之前,增长率比较慢,市场竞争也很激烈。我担任了多家上市公司的独立董事,上市公司的信息化程度应该具有一定的代表性,一些排名靠前的技术还并没有充分体现在公司财务的实践中。因此,我认为很多技术还有很大的成长空间,远远没有达到很成熟的程度,没有成熟说明还有很大发展空间。此外,还有一些技术,如中台,可能与企业规模有关。

**钱毓益**　谢谢,确实如此。有一些技术标准化程度很高、普世性很高,也有些技术需要和客户的业务进行非常深度的整合和融合。即便是榜单中的技术,在企业中没有得到应用也是正常的。一些目前应用范围尚不广泛的技术,并不代表技术本身价值低,也许未来有更加广阔的市场空间。我们再来听听另一位学者的观点。

**饶艳超**　关于刚才主持人提到的技术应用成熟度的问题,我个人认为现在榜单上列出来的信息技术,很多是从实务应用中遴选出来,这些信息技术的应用我个人觉得是有一定的成熟度基础的。一方面,信息技术应用成熟度的基础主要取决于公众认知程度。从公众认知的角度来说,公众对榜单上选出来的信息技术概念和应用场景的认知比前些年提升了很多,这说明公众学习并掌握信息技术的主动性提高了。另一方面,软件厂家和 IT 咨询公司做了很多的工作。它们把公众会用到的、企业需要的信息技术做了很多整合,从技术、数据、业务、财务方面进行了整合,并结合各种应用场景做了很多的工作。他们做的这些工作,使信息技术在企业里应用起来更方便,这样更有助于信息技术的应用推广。从这个角度来说,软件厂商和 IT 咨询公司等市场参与者很大程度上推动了信息技术的发展。从长期来说,榜单的价值更多的是落在企业实务应用上,真正的能够从中获得价值实现的信息技术才能上榜。目前来看,有一些技术在信息化基础比较好的、整体认知度高的企业,应用得更好。应用方法论以及最佳实践趋于成熟将有助于信息技术后续的应用和推广。

**钱毓益**　谢谢。两位教授还是基本认可这个榜单的变化的,那么我们再来听听事务所代表的发言。宋总,您也是贵所信息系统鉴证的主管合伙人,天天和技术打交道,您有没有一些新的看法?

**宋永豪**　每年榜单上出现一些变化是正常的,这是必然现象。在投票过程中,刘院长带领组委会做了大量的工作,不管从专家的遴选,还是公众的参与,本身带有很大的偶然性,因为本身"十大信息技术"是统计学意义上的。"十大信息技术"非常好,而且引领会计从业人员未来的技术发展方向。由于选举过程中样本规模大,参与专家多,每年肯定会有细微的变化,这些都是正常的。这是第一个维度,怎么选的过程我非常认可。

第二个维度,怎么用。我认为,不管是企业管理人员还是会计从业人员,尽量不局限于每年选出的十大信息技术。不能因为选出前十名就认为第十一十二名不重要,甚至不能认为去年、前年选出的技术今年没有上榜就认为它不重要。这些技术可能是对于大众来说不重要,但是对于某些特殊行业的企业，或者对于某些特殊岗位的人员来说还是很重要的。比如，区块链技术、在线审计技术，对于一般的制造型企业、服务类型的企业不是很重要。但是对于很多会计师事务所而言，这些技术排名第一。比如，区块链和数据审计的应用还在不断加强。虽然今年它们没有上榜，但是它们对于我们事务所而言是排名非常靠前的技术。大家在利用榜单的时候，要注意普遍性和特殊性的结合。马克思主义哲学告诉我们，不仅仅要认识世界还要改变世界。我们拿到这份榜单，不仅要解读它，而且要以榜单为方向，来指导企业具体的战略实施和个人发展。

我建议大家不要局限于前十名的榜单，尽量地扩大一下范围。在扩大范围的同时结合自己企业的特点，以及每个岗位自身的特点研究它、应用它。从企业管理层和会计从业人员的角度出发也是不一样的。如RPA技术，对企业来说进行可以淘汰很多低级烦琐的工作，很多企业管理者要主动思考应用它的时间节点和场合，但是对具体的会计从业人员而言不需要有太多的研究。一旦某些地方运用了RPA，这部分工作就会得到解放。大家运用研究榜单一定要结合自身的企业特点和个人岗位上的习惯和特点，不能局限于十大信息技术，还要扩大样本。

**钱毓益**　感谢宋总，您的建议是给大家做加法，希望报告使用者不仅关注十大信息技术，还得关注后面的一些技术。前面发言的王总与您看法不同，他刚才的观点则是希望大家可以考虑做减法，我请王总再来谈谈吧？

**王春焱**　从实际应用来看，在使用这些技术的时候，用户的期望和实际的工具成熟度目前差距比较大，如智能分析、RPA。在开始实施RPA时，财务人员的期望它能够替代大量的重复的工作，在实践过程中，替代一些最基本的对账、重复的单据核对工作。但是在替代重复劳动的同时，企业领导者和相关职能部门的人员对实施这项技术的期望值提高得更高。这就形成了在很多信息技术在实施后，大家都说，提高了效率，减轻了财务人员的负担。但从实际体验来说很多信息化技术的使用，更多地只是提高了企业管理者对财务人员的期望值，然而这些信息化技术的应用度,替代的劳动程度远远不能弥补实际应用的提升与期望值提升之间的差。

鉴于从实践中遇到的难点和困难,我希望应用的工具,能够更加地适应需求者的需要,开发的时候应更多地考虑各种异构性问题的解决,这样才能将信息化工具在实践中应用得更好。从实践中看,很多工具不应只是单一的技术使用,而应该是各种技术融合使用,这样效果会更好。从目前的实际应用情况看,特别是会计、财务管理应用过程中,各种技术的连接融合度远远未达理想状态。

从使用者的角度来说,一项技术的推行,除了存储、计算,实际的应用取决于计算成本。对于多要素、多维度的管理信息的计算,目前算力和现在的算力成本,在量子计算没有大规模的推广之前,特别是财务领域,涉及多维计算,远远比不上成熟的、有经验的管理者的直觉和其对企业、行业信息的认识。企业推行信息技术的过程,始终是和管理者的经验、素质相互权衡博弈的过程。这个过程本身也是引领着会计从业人员、财务从业人员提升自己,实现和其他行业的进一步融合,和整个生态进行融合的过程。

**钱毓益** 谢谢王总。您说应用很多关键的信息技术,对于管理者来说是"难"的,因为不能局限地看单一技术的影响,管理者需要具备全局的战略观念和长期的规划能力。从财务从业人员角度来说,也是"难"的,除了学技术、学应用、学场景,也需要同时考虑如何做好利益相关方的预期管理,可能更多是软技能或者情商部分需要提升。所以,无论是管理者还是从业者,面对以"十大信息技术"为首的数字化浪潮的冲击,在知识、技能、技术观方面都有很大的提升空间。前面嘉宾都来自企业界或者事务所,施总来自行政事业单位,我想请施总谈谈,从公共部门角度出发,对于"十大信息技术",您有没有不同想法?

**施伟忠** 感谢刘院长和组委会邀请我担任本次评审的专家以及论坛的嘉宾,刚才几位嘉宾的观点我非常赞同。长期占据榜单的技术都是有长期影响的,而且都进入了实际应用阶段,应用前景非常好。它们对财务从业人员提高工作效率、提高精准度、提高财务水平的智能化起到非常关键的作用。我想谈谈最近两年新进入榜单的技术。第一个技术，新一代ERP。相对于传统ERP来说的，它是结合大数据、人工智能的新型技术，它对整个系统客户关系管理、供应链管理进行整合，新一代ERP是在2016年左右提出的，这个产品在技术上不是非常的成熟。我知道世界很多著名的信息技术供应商仍在对它们的新一代ERP产品的功能不断地进行完善，新用户也比较少。

第二个技术，数据中台。这两年数据中台的概念非常火，大家可以看到数据中台应用比较成功的企业，无外乎四个类型：互联网公司、金融企业、运营商、大型制造业或者大型商业企业。它们最大的特点："互联网＋"，下单需求变化比较大，数据量比较大，IT处理能力基础能力比较强。不同的行业，不同的产品，或者不同的公司对数据中台的需求是不同的，互联网公司的数据中台绝对不适用于制造业。大家提到数据中台的时候，还是要结合自身的实际情况实施数据治理的路径。

**钱毓益**　谢谢。您提到新一代ERP和数据中台，现在风很大，但是企业在用的时候也需要非常谨慎，应做好更加全面的适用性评估。在经过第一轮的讨论后，大家对于"十大信息技术"以及未来应该往哪里走，这些技术可以走多远，都谈了谈想法。

今天的第二个问题，报告里还有一张表格，是今年榜单公众投票和专家投票的差异分析。首先，我们看到有些技术来自专家的投票数明显高于公众的投票数，两个群体的投票基本上不是一两名的差距，有一些甚至超过十名，还是挺大的，其中包括数据中台、RPA、数据挖掘；还有一些技术则反之，公众投票数更高，包括新一代ERP、会计大数据分析与处理技术。为什么会出现这个结果？大家如何点评？在这些存在争议的技术投票上，在座的各位嘉宾，作为这次评选的专家，你们会更认同专家的看法还是公众的看法？

**任永平**　关于专家的评价和公众评价为什么会有差异？大家关注的热点不一样，实务部门更多从业务角度进行评价，而高校、研究所更多从文献、从前沿领域进行评价,对潜在的考虑多一些,未来发展方向的考虑多一些。因此,我觉得要看什么方面,有的方面要认同公众的看法,也有一些方面要认同专家的看法。

**饶艳超** 我以专家身份参与本次评选,一方面,面对当前影响最大的信息技术榜单的公众的评选结果和专家的评选结果时,我更倾向于支持公众评选结果。公众始终是在应用第一线,他们评选出来的信息技术更符合实际情况。刚才我提到了公众认知在提高,他们看到信息技术在他自己工作中应用,或者在他身边朋友的工作中应用,他会思考,会感知,会结合自己的实际情况考虑技术对他的影响。对那些对当前工作造成最大影响的信息技术,他们在第一线的感知是真实可靠的。另一方面,对于潜在的技术,我更倾向于支持专家评选结果。专家做研究的时候,已经在用的技术,不一定是研究的重点,从专家的角度来说,他们会跳过当前的应用,看向更远一点的方向、更远的视角。

**施伟忠** 我非常赞同任教授和饶教授的观点,专家的评选结果和公众的评选结果有差异很正常,大家评判的角度和标准不一样。专家更多是从学术引领方向评判,指引整个会计信息技术的发展的趋势和潮流。公众更关心的是信息技术的应用程度,公众更受软件厂商的推崇。这种差异本身也和人群分布有关系,其中专家只有 188 名,而公众评选有 6 312 名。另外,公众来自不同的行业,有不同的知识结构,还有不同的发展方向,所以这种差异也是正常的。

**宋永豪** 从审计学理论上解读这个问题,审计工作很多是基于抽样的,而遴选的过程本质上也是抽样,对问题关注的人会过来投票。这个样本量越大越能代表总体。钱总是非常优秀的主持人,会刻意制造一些矛盾,这个矛盾是专家和公众的矛盾,但是如果仅仅从数据上讲,由于公众的数量如此庞大,并且代表着各行各业的会计从业人员,单纯从统计学意义上来讲,公众的意见更能代表业内的普遍状态。

**张言国**　我一开始说了我更多代表应用层面,因为我来自企业。但是对于排名,我更多支持专家的意见。因为这次参选的企业专家都有着丰富的财务管理经验或者数字化实践经验。参加会议的人大部分是行业中数字化转型的先行者、实践者、规划者。与公众相比他们拥有更多的实战和落地应用的经验,其中不乏成功经验和失败经验。专家的观点更多的是真正基于自身的成功和失败的经验教训的。最关键的是企业专家,在实施某项新技术时,他们会分析和考虑成本投入和回报之间的关系,所以新技术的应用更多的是一个财务决策。公众更多地会考虑热点,或者跟行业相关,或者跟舆论,很少会考虑投入产出和应用实践。因此,我觉得专家意见更具有前瞻性,并且对企业制定数字战略更具指导意义。

**王春焱**　第一,对于"十大信息技术"的评选来说,专家评选的"十大信息技术"的排序和公众评选的排序,从某种意义上讲都具有一定的局限性。从专家的数量、行业的分布来讲,这个报告的发布会也会形成一定程度的信息不对称。某种意义上,我们把关心这些技术的人、真正懂得这些技术的人和真正应用这些技术的人在范围上有一定的区分。第二,"十大信息技术"本身可能还值得商榷。我个人更倾向于将"十大信息技术"分为若干组,将一些紧密相连的技术分为一组。在应用的时候,不是十个单独技术,而是十组技术。对于不同组技术的应用进行排序,可能和现在的排序会有一定的差异。建议在未来的评选中更多考虑专家样本选取的代表性和公众样本的覆盖度,同时考虑对技术的不同组合进行分类,涵盖更多的技术组合,代表它们在实践中的应用。

**钱毓益**　感谢各位的发言。188位专家里有一部分是来自研究界的大学教授,有来自软件开发公司。财务从业人员更多看到的是软件应用层面,而专家则会考虑底层基础架构、系统搭建的层面。大家所站的角度不同。从企业的规模来说也有一定区别。我看到188位专家里,有很多来自业界,但是这些业界专家基本来自大型规模的企业,而在6 000多位公众投票里,来自中小型企业的公众占到相当大的比例,这也是我们看到不一样的投票结果的原因之一。

　　我今天的第三个问题，想谈谈信息安全的问题。上午刘院长的发言中特别提到，中国投票结果如果跟国际上的关注点做比较，似乎大家对于网络安全、数据安全、数据隐私的关注度比较低，相关技术连续几年没有进入榜单靠前位置。关于这个问题，请在座的嘉宾发表一下看法，你们觉得这件事情重要吗？数据安全、网络安全、数据隐私，从个人消费者、企业、监管者的角度出发，你们觉得这些技术的推动最主要需要来自哪方面的努力？

　　**王春焱**　在数据隐私方面，最近我们从企业竞争的角度感受特别深。中国的企业在走向国际市场的过程中，始终面临着一个问题，经过前三十年的快速发展，已经经过了原来简单的后发优势，重复原来的后发优势的阶段。前面一个时期应用简单技能生产的产品已经把那后发优势的红利消耗得差不多了。随着企业发展进入新的阶段，即已经进入需求的分化阶段，有的需求迈向高端，但更多的是个性化的需求，以及国际竞争的需求，在这个过程中，最主要的竞争体现在对于知识柔性技能、专利方面的竞争上。在国际化过程中，目前我们感受最深的是，不同的企业，特别是国际化程度高的企业，对于知识产权的保护、柔性知识的保护，以及产权意识变得特别重要。从不同的区域来看，随着世界政治局势的变化，原来的全球化更多地走向了区域化。从国家竞争的角度来看，很多国家都设置了壁垒，双反壁垒，即反倾销、反垄断。在壁垒的实施过程中，大家都用知识产权保护构筑壁垒。因此，企业特别重视本身的信息技术的安全和防护。我国在法律制度层面，在信息安全防护意识方面，在信息安全保护应用工具方面，与西方发达国家相比还有比较大的距离。这次新冠疫情防控过程中，从不同国家的实践看，一个全球运作的企业在信息安全保密，特别是对个人隐私信息保护方面，只有特别尊重所在国法律、风俗习惯、文化习惯，才能取得良好的实践成果。

　　**钱毓益**　推动隐私保护或者数据安全，无论是从法律立法层面还是到社会理解、人文尊重、个人意识层面，以及具体到应用工具发展层面都有很大的空间。最近看到一篇文章，讨论华为内部对于安全作战地图的理解，华为提出了"五不两可"。"五不"系统要做到攻不进、看不见、看不懂、拿不走、毁不掉，"两可"系统要做到可追溯、可恢复。我在想这些跟我们财务从业人员有什么关系？为什么我们"十大信息技术"榜单中没有与数据安全、隐私安全有关的技术，是不是财务从业人员觉得这件事情与财务没有关系，觉得这是CIO、IT的事情？

**任永平**　从企业的角度讲数据安全，不仅包括数据本身，还包括数据的隐私、企业的隐私、商业秘密、个人的隐私。哪些是隐私，哪些不是隐私，都和文化、国情有关。而且在不同的时候、不同的环境下隐私也不一样。除了隐私和安全，还有商业伦理。现在大数据技术发展很快，在数据上或者管理上怎么用它，如果用得好，就能产生巨大的赋能作用，促进生产力的发展；如果用不好，最后就会毁灭掉自己。比如，大数据与数据挖掘技术让快递小哥运送的时间卡得很死，以至于他们被迫要抢红灯，他们要获得满意的收入不得不这样做。大数据是发展技术，大数据技术带来的红利，能不能由参与者共同分享？这样更有利于促进大数据技术的良性发展，而不至于出现大数据杀熟现象。说得更严重一点，如果大数据发展到一定程度，人工智能发展到一定程度，就有可能把一些人罩在技术掌控者的数据罩子里，诱导他的思想，最后扼杀了一些人的社会认知能力，感觉不到真实的世界。因此，伦理问题可能是比其他一些问题更迫切要解决的问题。

**宋永豪**　说到伦理，现在有一个概念"数据伦理"。哈佛大学有一个教授提出"信息茧房"的概念，即很多企业利用个人信息，把你想要的、想看的东西自动地推送给你，让一个人长期处于他认为自己所要的环境，其实他正处于信息闭塞的状态，对外面更大、更丰富的世界失去了解的途径。这个问题反映了我们应如何使用数据，尤其与个人信息有关的数据。我国的有关信息保护法律，以及民法典对个人信息有很多的界定。目前全国人大以及政府对这个问题非常重视，经常组织一些专家进行研讨，但是除了人大和政府，我们企业和个人也应该有这方面的意识。从个人的角度上来说，我们希望自己的信息得到保护，尤其是个人的敏感信息、个人的私密信息,包括家庭、住址、电话,要确保肯定无法泄露。但是还有一部分信息,如在淘宝上的交易信息,这些信息不会对个人造成损害,但是也与个人有关。对于这些信息的使用,需要注意的是,个人如何适当地授予企业使用这些信息。因为个人信息的保护和数据资产本身有一定的矛盾。只有大量地收集数据,让数据流动起来,通过大数据进行分析,数据才能产生价值。个人的一条信息是没有什么价值的,如果个人把自己其他不是特别重要的信息捂得太严实,对于个人或者对于社会的发展也是不利的。从企业的角度来说,目前国内的互联网大厂,它们需要做到的是进行自我的跳跃,如何在法律约定情况下制定一个既能有效利用大数据的信息,又可以确保个人敏感信息不被泄露,同时保证可追溯,可以在用户授权情况下有效地使用这些数据。一旦这些数据出现问题又是可追溯的。个人、企业和国家(国家在立法层面)共同努力才能将这个事情办得更好。

**钱毓益** 立法很重要,它发挥拉动作用。但法律是最低程度的道德。企业应该选择做正确的事情。医院系统里的信息基本属于极其隐私的个人信息,在公共部门的数据安全隐私保护方面,施总能不能谈谈您的看法。

**施伟忠** 我赞同宋总的意见。我们对个人隐私数据要分类管理。隐私数据主要分四大类,包括数据隐私、身体隐私、空间隐私、通讯隐私。相对来说,前两类信息是绝对的个人隐私,绝对不能泄露或者是用于商业用途;而空间隐私、通讯隐私,在不乱用的情况下可以用于商业用途或者在本人允许条件下可用。隐私的保护与法律立法很有关。在我国隐私保护和立法也是一把双刃剑。2018 年,欧盟通过了《通用信息保护条例》,保护措施非常严厉。如果侵犯个人隐私,最严重的是将 4% 的全球收入作为罚款,当时谷歌、亚马逊纷纷选择退出欧洲市场。这就是数字经济在欧盟没有发展起来,而在中国蓬勃发展的原因。我们应尽可能地保护个人隐私。发展数字经济,在个人隐私方面也要保驾护航。在医疗行业有很多身体隐私,我国对医疗数据的保护是出台了很多规章制度。以前医院的系统相对比较封闭,而现在很多医院开通了互联网医疗,变成了开放的空间。

它们对于数据的保护、隐私的保护更加重视。现在医院主要采取以下四方面的措施：第一个措施，将患者隐私的关键信息进行隐藏。患者到门诊候诊、叫号，基本上会把姓名或者身份证上的关键信息隐藏掉的。第二个措施，加强数据安全保护，加强第三方医疗数据安全的认证，也会采用电子病历，通过信息化手段保护个人隐私。第三个措施，医生采用电子签名。可实名认证的措施落实了保密协议或者承诺书之类的安全责任。第四个措施，通过技术手段，确保隐私安全或者数据安全。现在所有的医疗数据都通过内网，内网和外网用绝对防火墙隔离。对医院来说，所有的医疗数据泄露，都有一些严格的规章和管理制度，包括惩罚制度。医疗数据保护是任重而道远的。一方面，医疗数据与电子商务信息有关；另一方面，很多医疗数据可能会被医生用于临床研究。在欧盟、美国等西方发达国家，每一项数据被用于临床研究都需要经过患者本人的允许签字，而我国在这方面要继续提高和改善。

**钱毓益**　谢谢。最后一个问题，嘉宾讲到了数据治理、数据安全。如果企业想要真正发挥数据作为生产要素的强大作用，现在就应开始构建起数据治理的框架、制定数据安全的制度、定义清楚数据的所有权和使用权。今天的讨论内容非常丰富，虽然我们希望透过榜单预测未来，但是在听完各位嘉宾的分享之后，我的感受是，也许在当今不确定的时代，具备适应能力比预测能力来得更加重要。希望今天的讨论能够让大家了解信息技术发展的过去和现在，更加熟悉产业的发展规律，为未来做好准备。

# 主 要 参 考 文 献

［1］Uring A M. Computing Machinery and Intelligence. Mind［J］. Mind，1950，59，433-460.

［2］Hinton G E.，Salakhutdinov R R. Reducing the Dimensionality of Data with Neural Networks［J］. Science，2006，504-507.

［3］Deloitte. Blockchain — Perspectives, insights, and analysis［EB/OL］.［2020-09-30］. https://www2.deloitte.com/us/en/pages/consulting/topics/blockchain.html.

［4］Ernst & Young. EY Blockchain Analyzer：Explorer & Visualizer［EB/OL］.［2021-09-30］. https://blockchain.ey.com/products/explorer.

［5］KPMG. KPMG Blockchain Services［EB/OL］.［2021-09-30］. https://home.kpmg/xx/en/home/insights/2017/02/digital-ledger-services-at-kpmg-fs.html.

［6］Price Waterhouse Coopers. Supporting the auditing of cryptocurrency：Leading the way in providing assurance services to clients engaging in cryptocurrency activities［EB/OL］.［2021-09-30］. https://www.pwc.com/gx/en/services/audit-assurance/publications/halo-solution-for-cryptocurrency.html.

［7］Chisholm M. Metadata is Master Data［J］. Dm Review，2008，18(7)：23.

［8］Reinsel D，Gantz J，Rydning J. Data age 2025：The evolution of data to life-critical don't focus on big data［EB/OL］.（2018-12-30）［2021-9-30］. Framingham：IDC Analyze the Future，2017.

［9］IDC.IDC FutureScape：全球制造业2021年预测——中国启示［EB/OL］.（2020-12-14）［2021-09-28］. https://www.idc.com/getdoc.jsp? containerId＝CHC47068520.

［10］大河网. 魏代森：当前企业数字化转型已进入成熟和推广期［EB/OL］.［2020-09-28］. https://baijiahao.baidu.com/s? id＝1679047278728991620&wfr＝spider&for＝pc.

［11］上海国家会计学院 & 浪潮智慧企业研究院.数字化转型,打造世界一流财务能力［EB/OL］.（2021-04-23）［2021-09-28］. https://mp.weixin.qq.com/s/tpS88gg7g83kwbAj85qh9A.

［12］高奇琦.人工智能发展正迎来第三波浪潮［J］.智慧中国,2019(8):36-40.

[13] 张爱俭.前瞻人工智能对会计行业的深度影响[J].企业改革与管理,2018(20)：145-146.

[14] 苏子.从技术逻辑认识人工智能对会计行业的影响[J].吉林工商学院学报,2021,37(3)：69-73.

[15] 罗晓慧.浅谈云计算的发展[J].电子世界,2019(8)：104.

[16] 夏铭远.浅谈云计算的发展与挑战[J].中国新通信,2018,20(15)：72-73.

[17] 关静.云计算、大数据、物联网的发展及三者关系研究[J].信息系统工程,2021(4)：135-137.

[18] 康峰卓.基于"区块链＋智能物联网"技术引领企业财务变革[J].中国管理信息化,2020,23(14)：79-80.

[19] 刘勤,尚慧红,等.智能财务,打造数字时代财务管理新世界[M].北京：中国财政经济出版社,2020.

[20] 上海国家会计学院.2020年影响中国会计从业人员的十大信息技术评选报告[R].2020.

[21] 李定清.政府会计治理目标及其功能探究[J].商业会计,2017(13)：14-18.

[22] 张军,刘波,陈文川,等.现代财政制度构建中政府会计功能作用机制研究[J].会计研究,2020(9)：178-192.

[23] 上海国家会计学院.专家解读2021年影响中国会计人的十大信息技术[EB/OL].(2021-06-08)[2021-07-19].https://mp.weixin.qq.com/s/ncH-Sh2rAO1XpLgKwM9YIw.

[24] 陈虎.基于共享服务的财务转型[J].财务与会计,2016(21)：23-26.

[25] 尼克.人工智能简史[M].北京：人民邮电出版社,2017.

[26] 续慧泓,杨周南,周卫华,等.基于管理活动论的智能会计系统研究——从会计信息化到会计智能化[J].会计研究,2021(3)：11-27.

[27] 中国人民币银行数字人民币研发工作组.中国数字人民币的研发进展白皮书[EB/OL].(2021-07-19)[2021-07-19].http://www.pbc.gov.cn/goutongjiaoliu/113456/113469/4293590/index.html.

[28] 罗莎.数字货币为财会带来新活力[N].中国会计报,2016-12-9(002).

[29] 范一飞.关于数字人民币M0定位的政策含义分析[EB/OL].(2020-09-15)[2021-07-19].https://www.financialnews.com.cn/pl/zj/202009/t20200915_200890_1.html.

[30] 刘正龙,袁志.数字人民币对支付市场影响研究[J].电脑与信息技术,2021,29(4)：73-74,85.

[31] 高廷帆,陈甬军.区块链技术如何影响审计的未来——一个技术创新与产业生命周期视角[J].审计研究,2019(2)：3-10.

[32] 郭广珍,李立卓,赵绪帅.区块链经济学：基本内容、学科关联及研究框架[J].财经问题

研究,2020(12)：11-21.

［33］郭小川.构建未来区块链经济［J］.张江科技评论,2019(6)：26-28.

［34］刘杰,汪川琳,韩洪灵,等."区块链＋审计"作业模式的理想与现实［J］.财会月刊,2019
(8)：3-10.

［35］徐超,陈勇.区块链技术下的审计方法研究［J］.审计研究,2020(3)：20-28.

［36］颜涵.对区块链审计的相关思考［J］.中国内部审计,2020(7)：14-18.

［37］肖洁琼,奉国和.国内外数据治理模型对比分析［J］.文献与数据学报,2020,2(2)：14-25.

［38］张明英,潘蓉.《数据治理白皮书》国际标准研究报告要点解读［J］.信息技术与标准化,
2015(6)：54-57.

［39］欧雷.客观的现实世界［EB/OL］.(2021-09-30)［2021-09-30］. https://ourai.ws/posts/
the-real-world/.

［40］Linux 咨询.数据安全法让数据确权有法可依［EB/OL］.(2021-07-09)［2021-09-30］.
https://blog.csdn.net/llawliet0001/article/details/118612730.

［41］GFCAER.关于大数据治理的研究与分析［EB/OL］.(2016-05-01)［2021-09-30］.
https://wenku.baidu.com/view/9a9b069c33687e21ae45a9b5.html.

［42］中国信息通信研究院云计算与大数据研究所,CCSATC601 大数据技术标准推进委员
会.数据资产管理实践白皮书(4.0 版)［R］.2019.

［43］中国信息通信研究院政策与经济研究所,美团数据安全与治理委员会,君泽君律师事务
所.数据治理研究报告(2020 年)：培育数据要素市场路线图［R］.2020.

［44］中国信息通信研究院政策与经济研究所.数据资产化：数据资产确认与会计计量研究
报告［R］.2020.

［45］DAMA 国际.DAMA 数据管理知识体系指南［M］.北京：机械工业出版社,2020.

［46］彼得·德鲁克.21 世纪的管理挑战［M］.北京：机械工业出版社,2018.

［47］王汉生.数据资产论［M］.北京：中国人民大学出版社,2019.

2021 年影响中国会计从业人员的
十大信息技术评选报告

# 本项目由以下机构共同支持

（排名不分先后）

inspur 浪潮通软